DIESES BUCH

Gehört

MOTORRAD MALBUCH

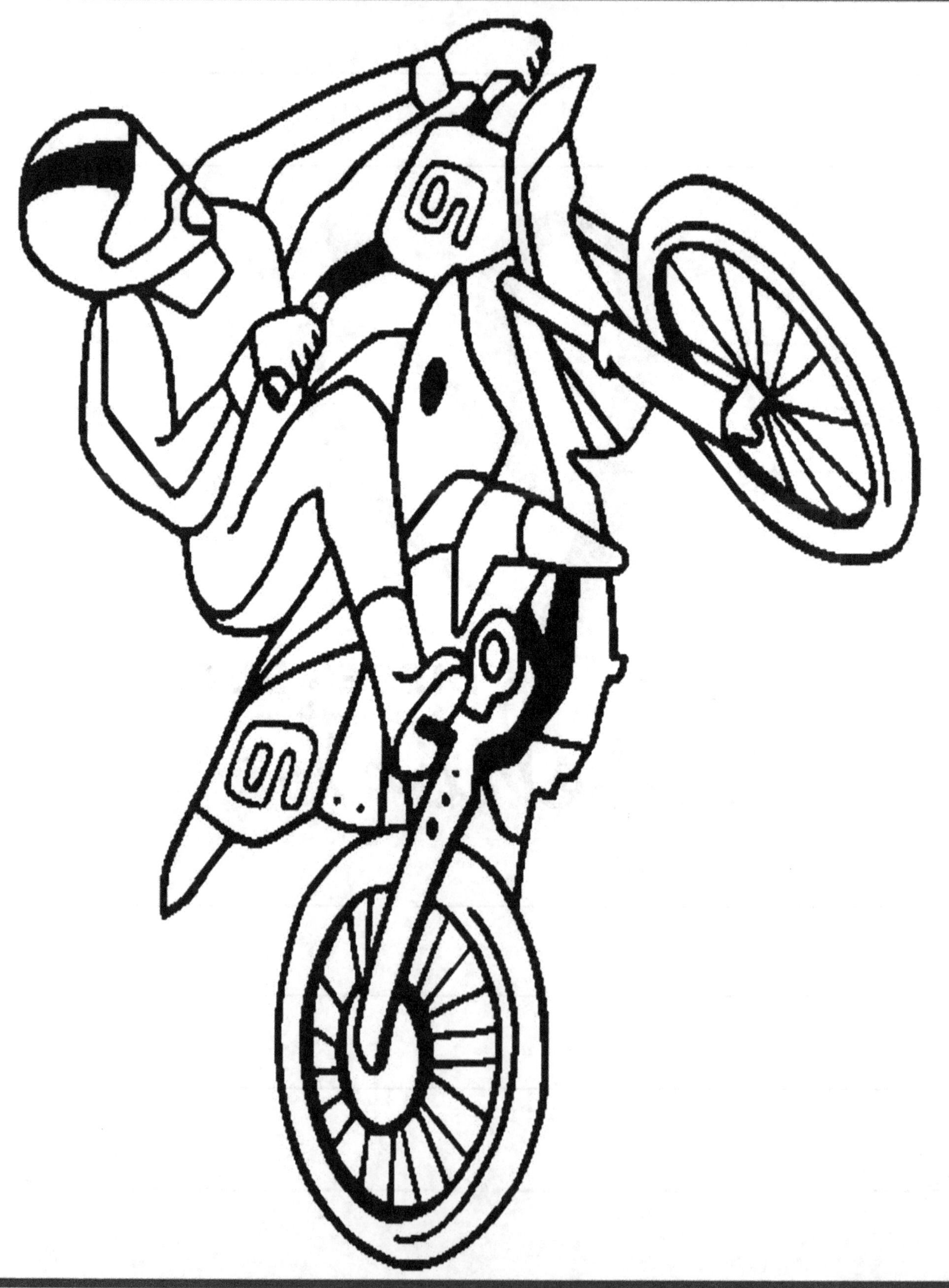

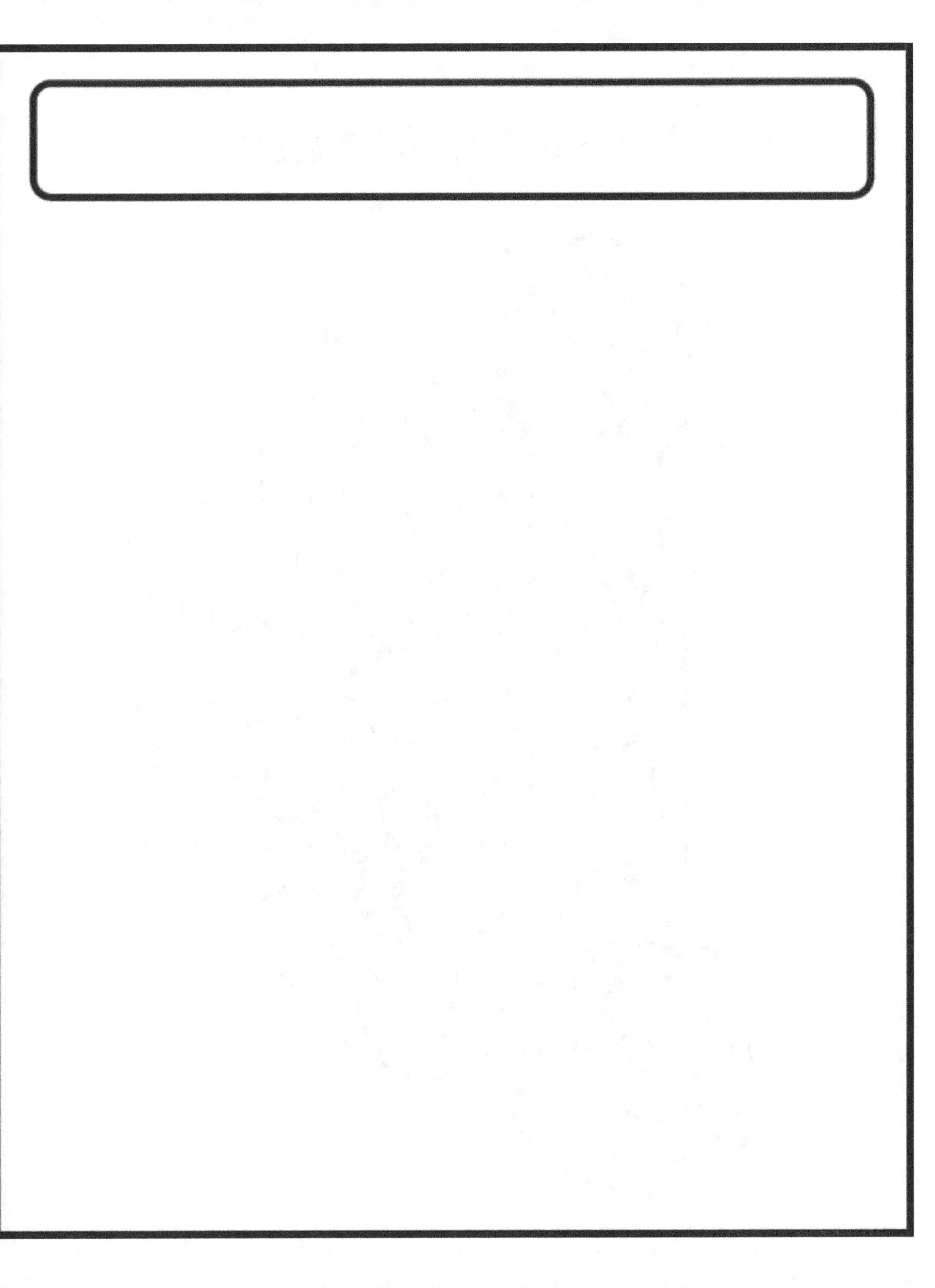

MOTORRAD MALBUCH

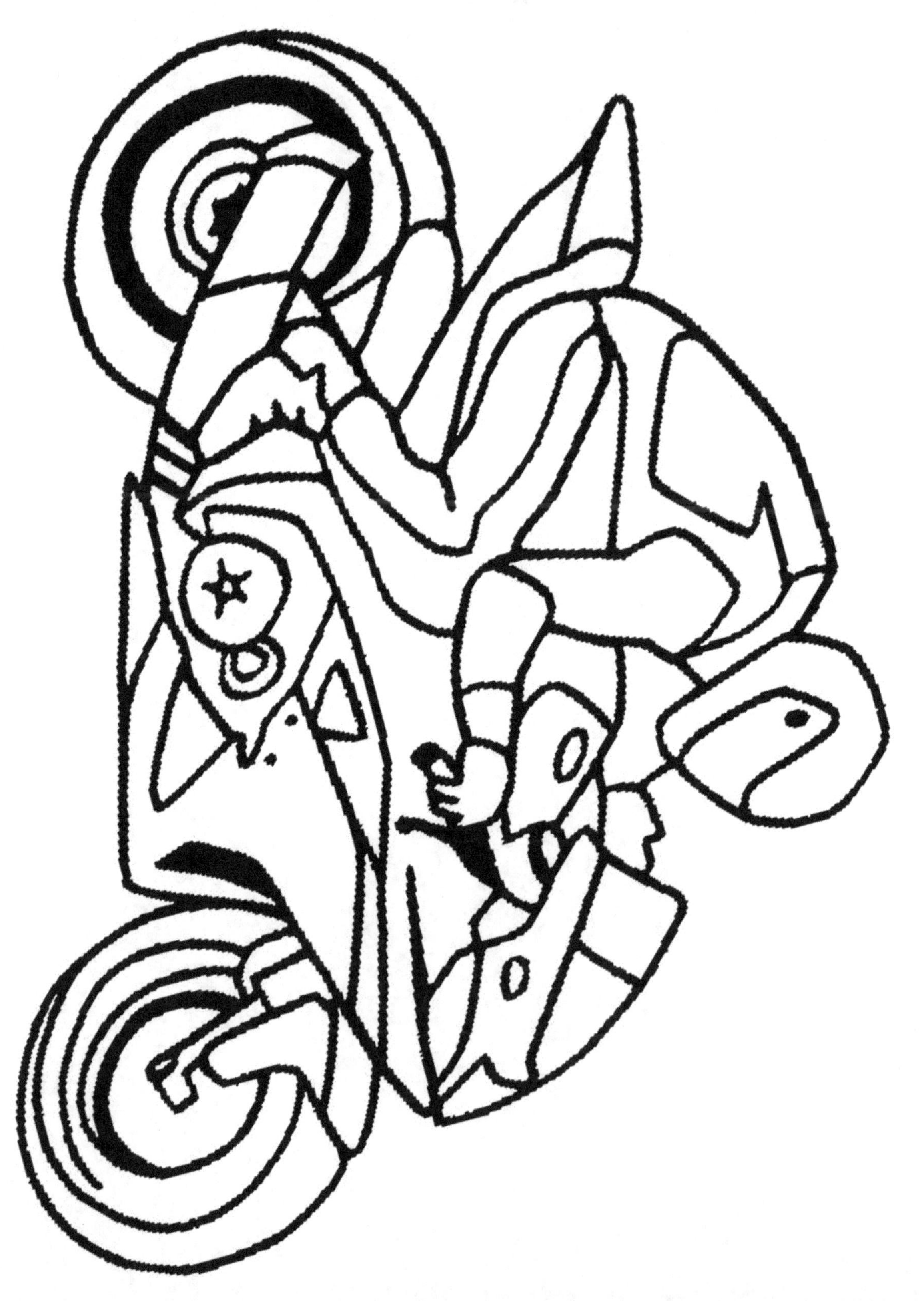

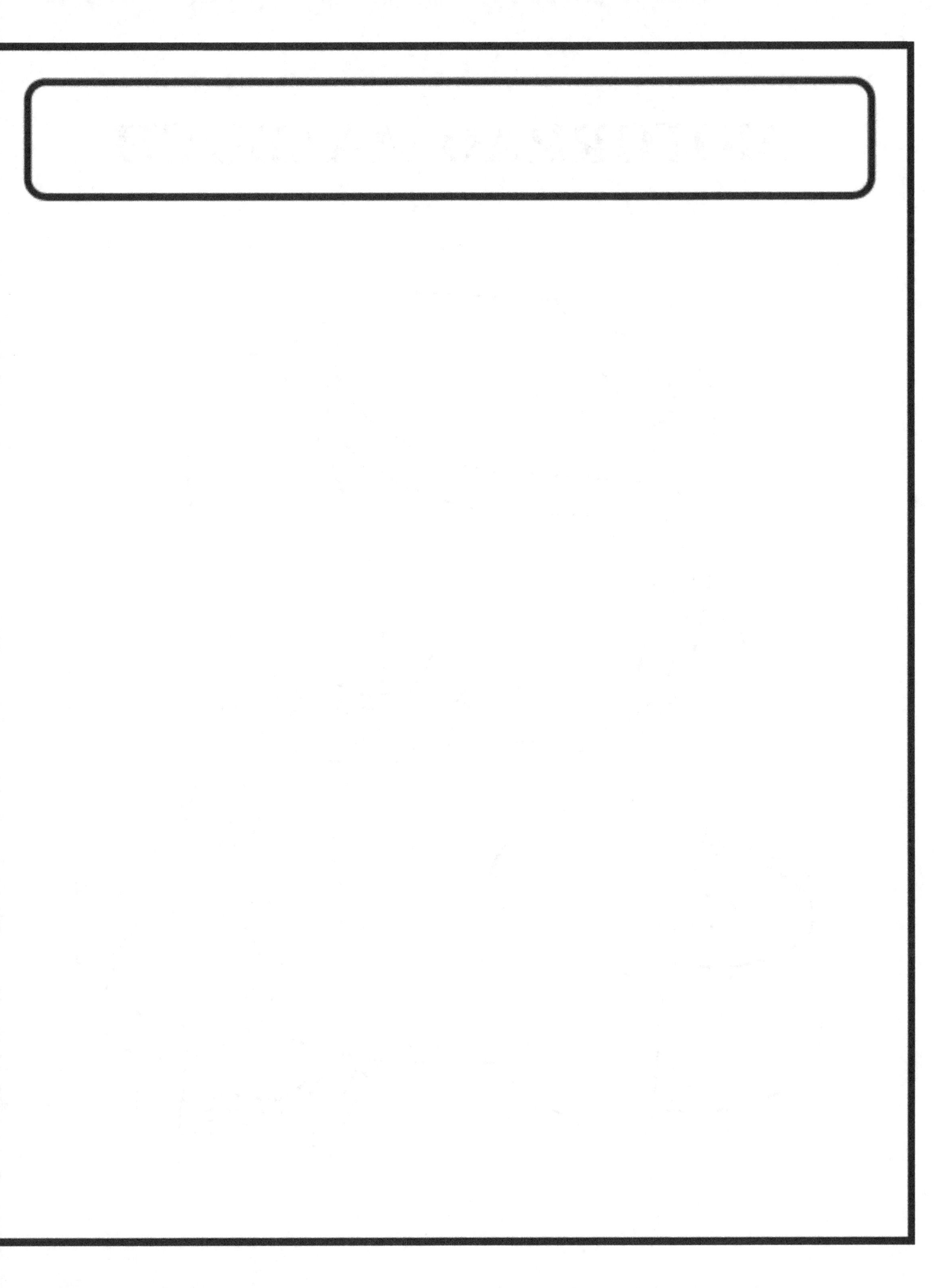

MOTORRAD MALBUCH

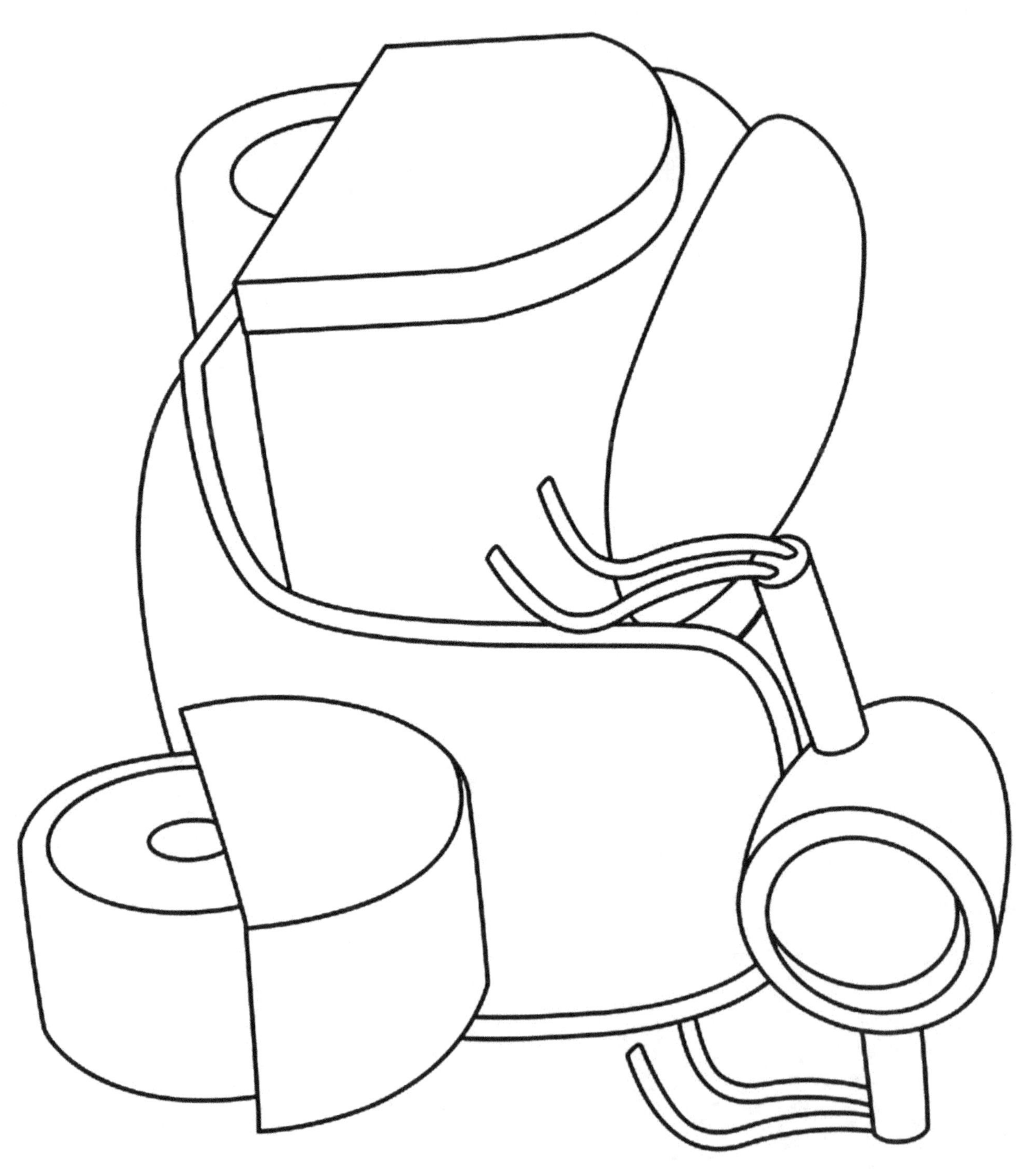

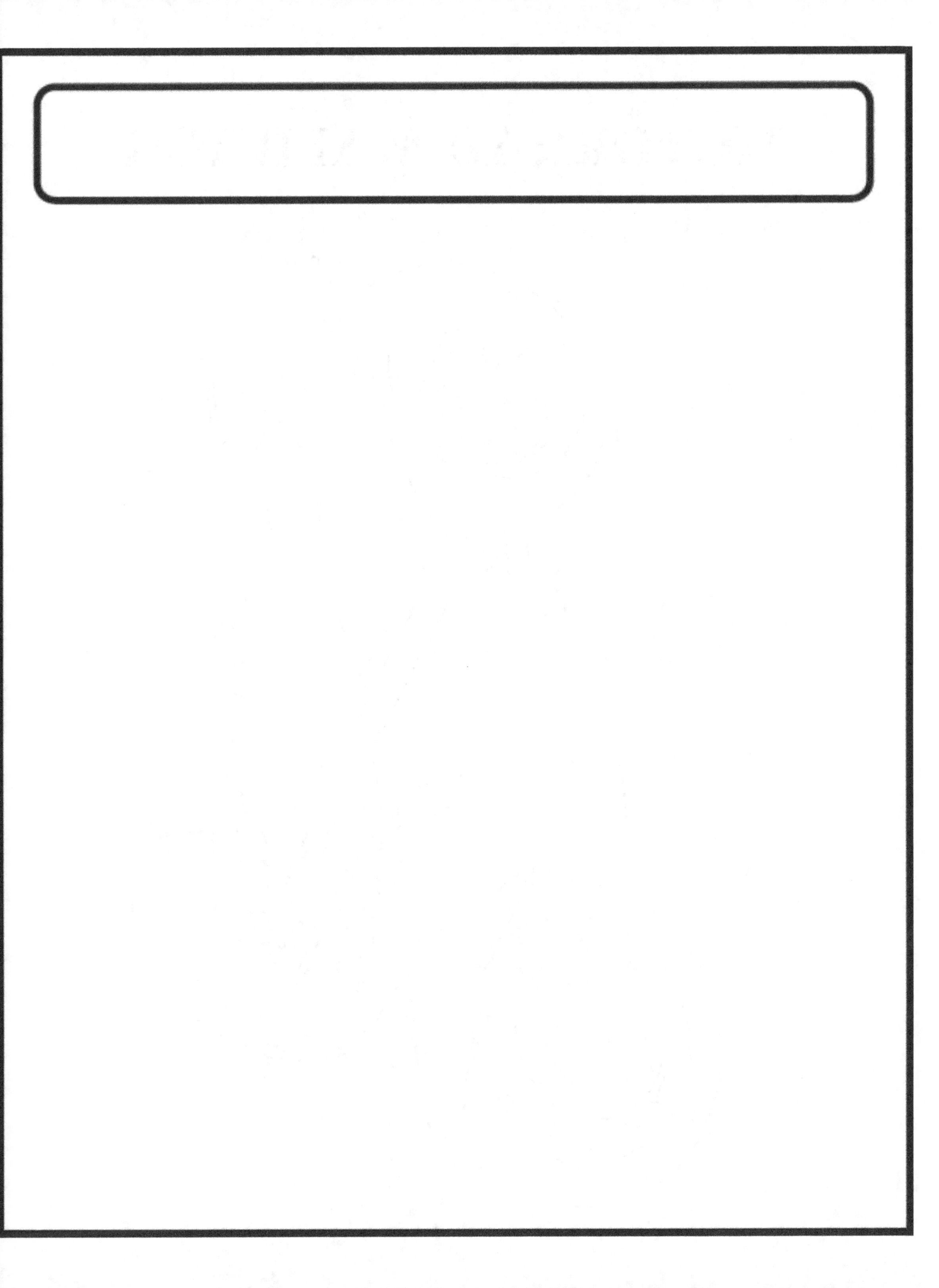

MOTORRAD MALBUCH

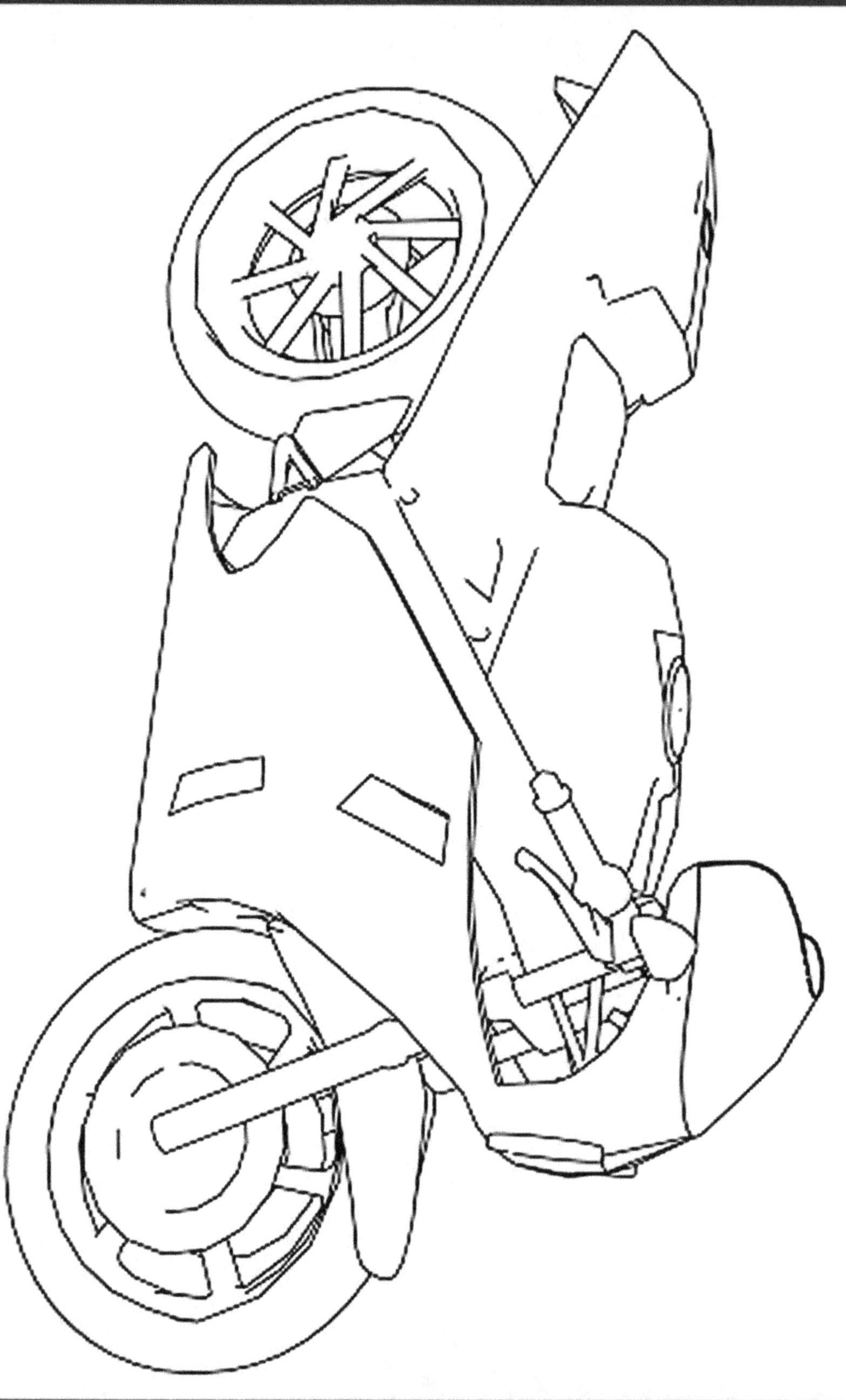

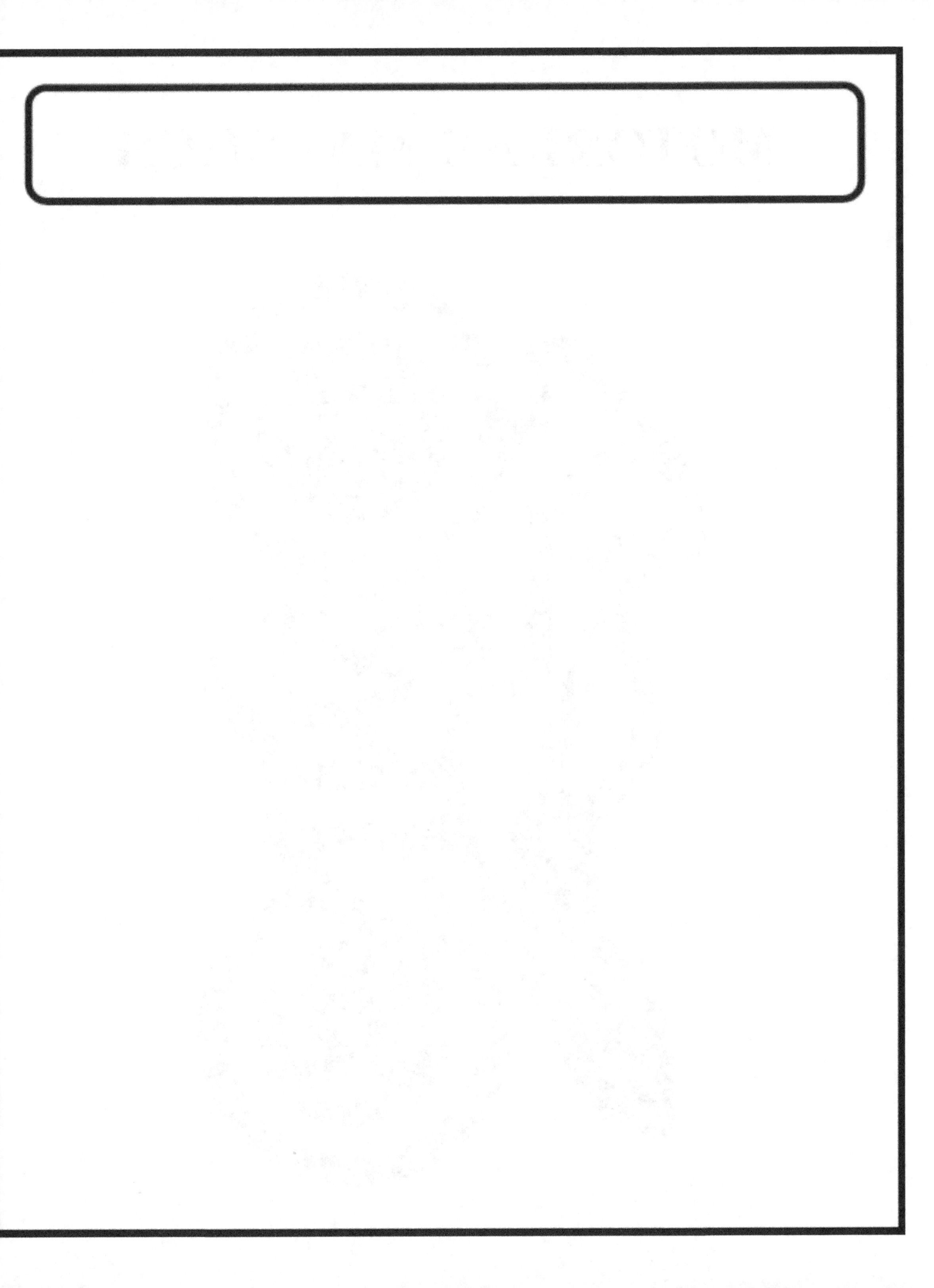

MOTORRAD MALBUCH

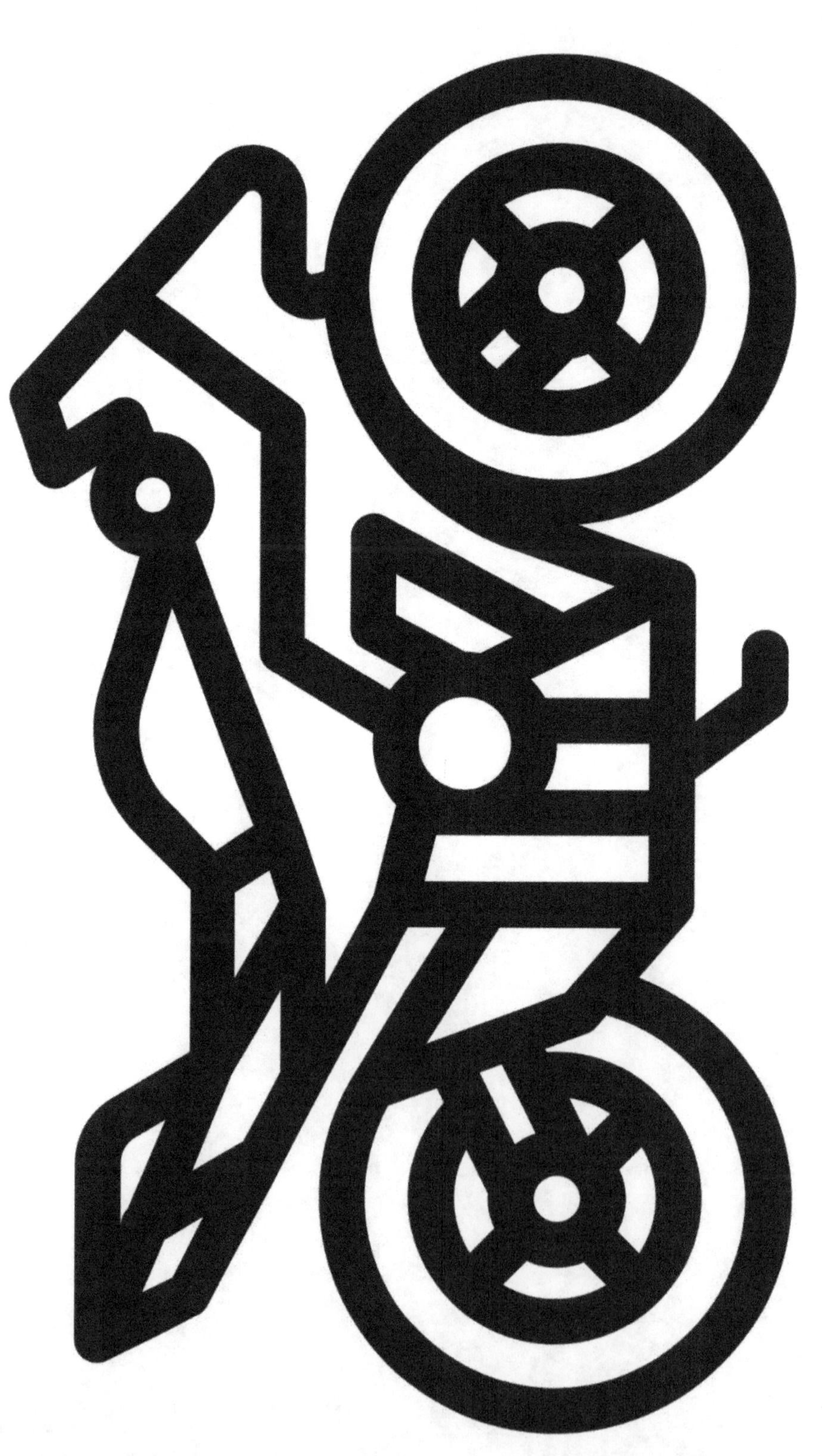

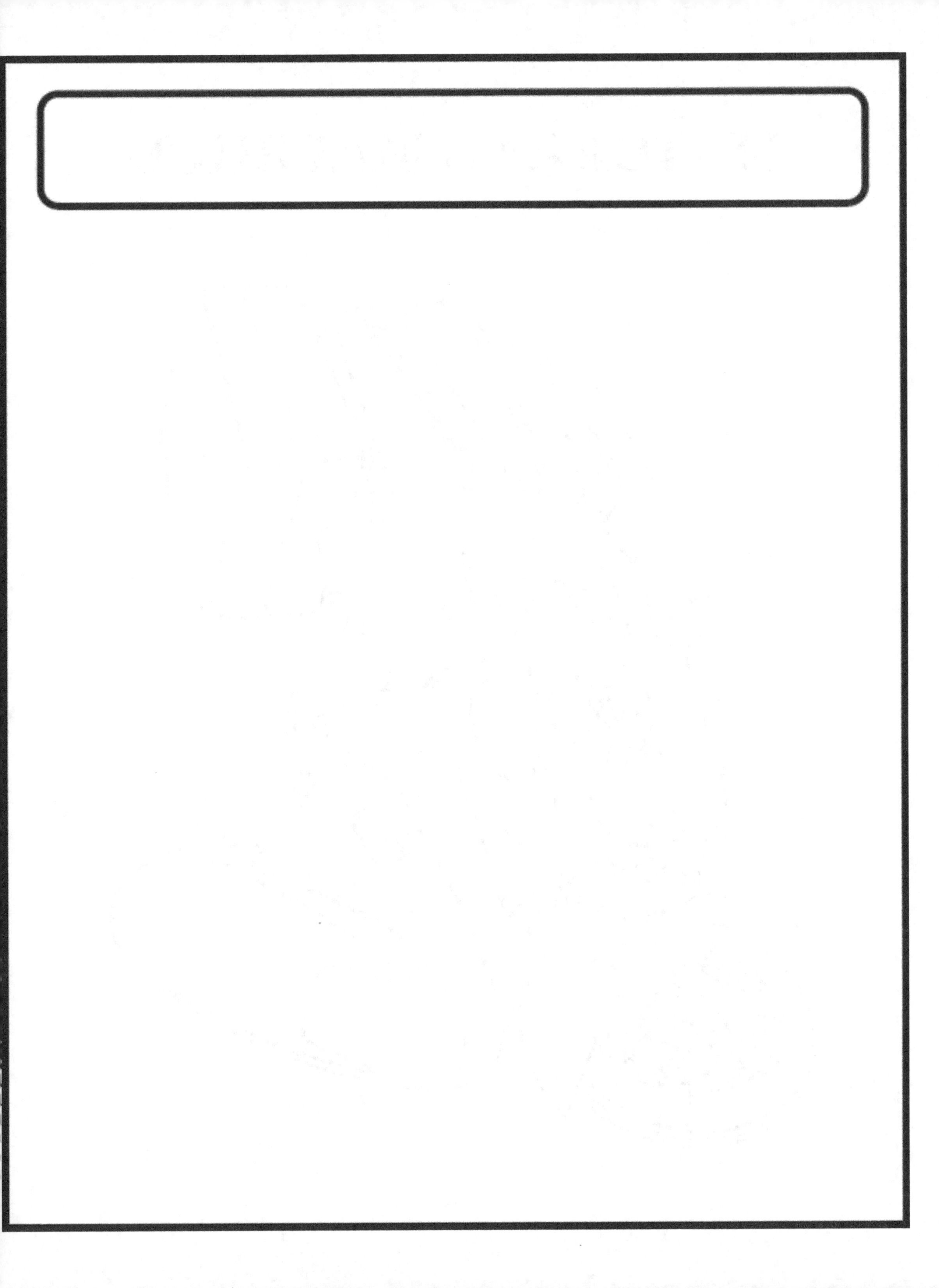

MOTORRAD MALBUCH

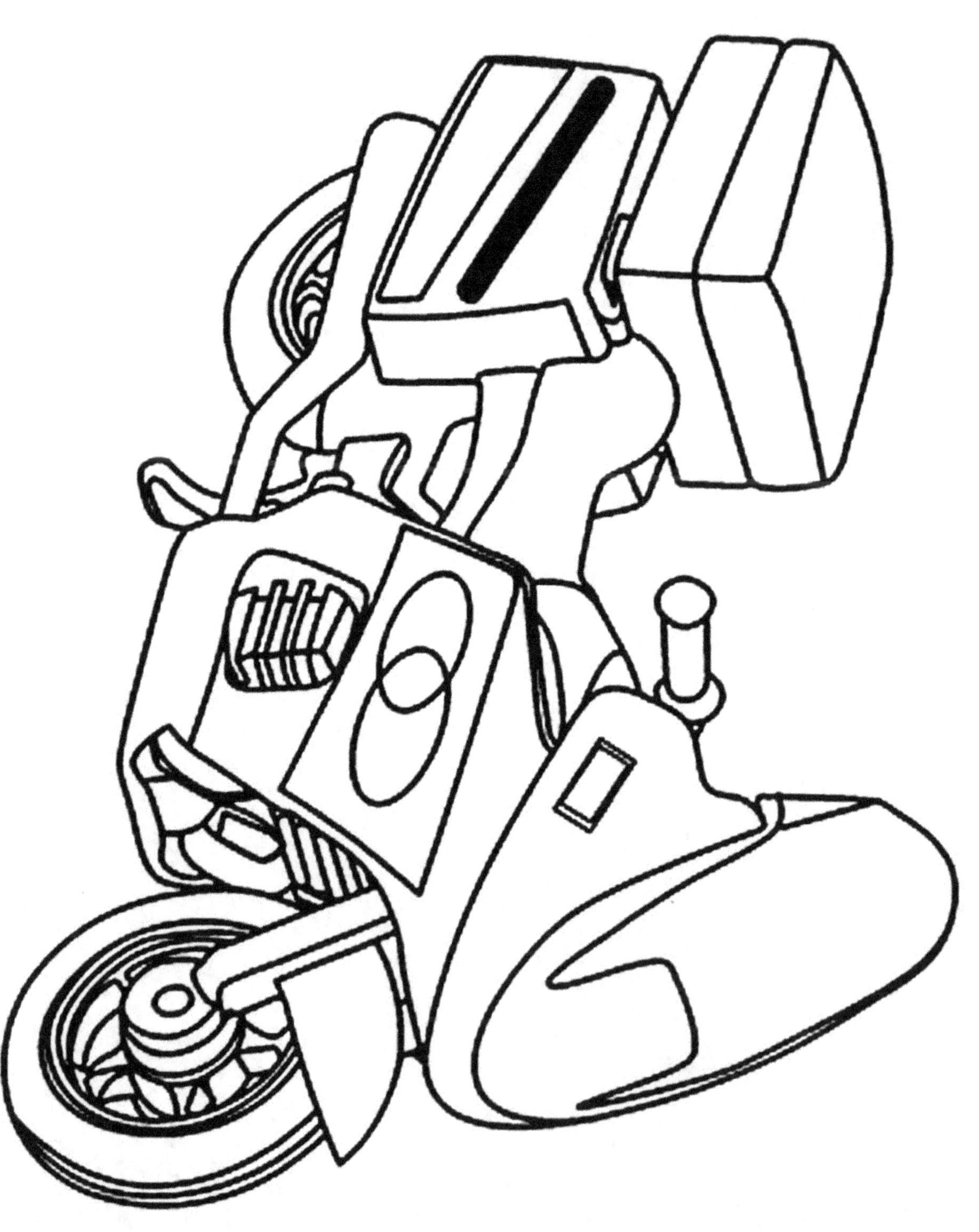

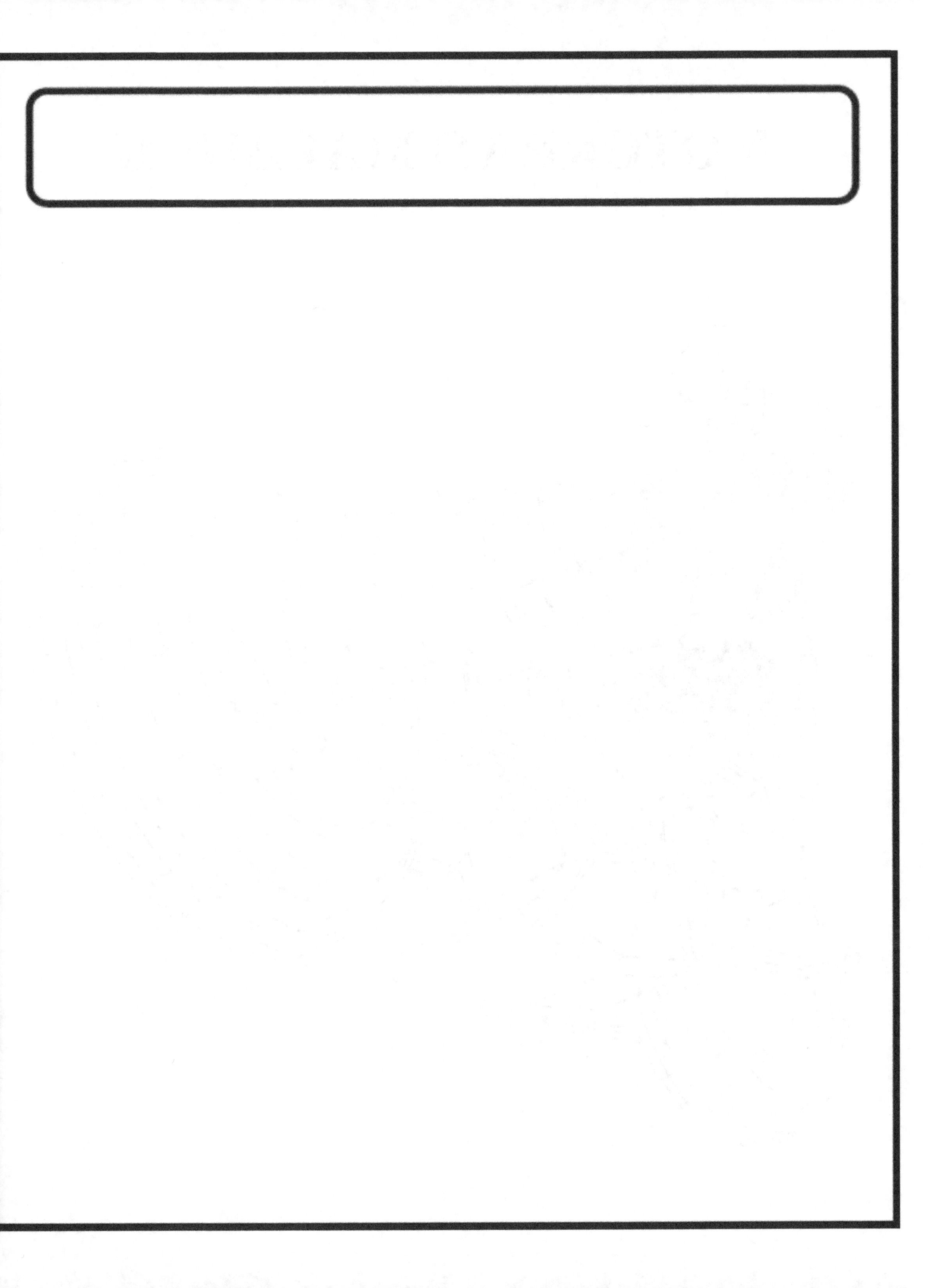

MOTORRAD MALBUCH

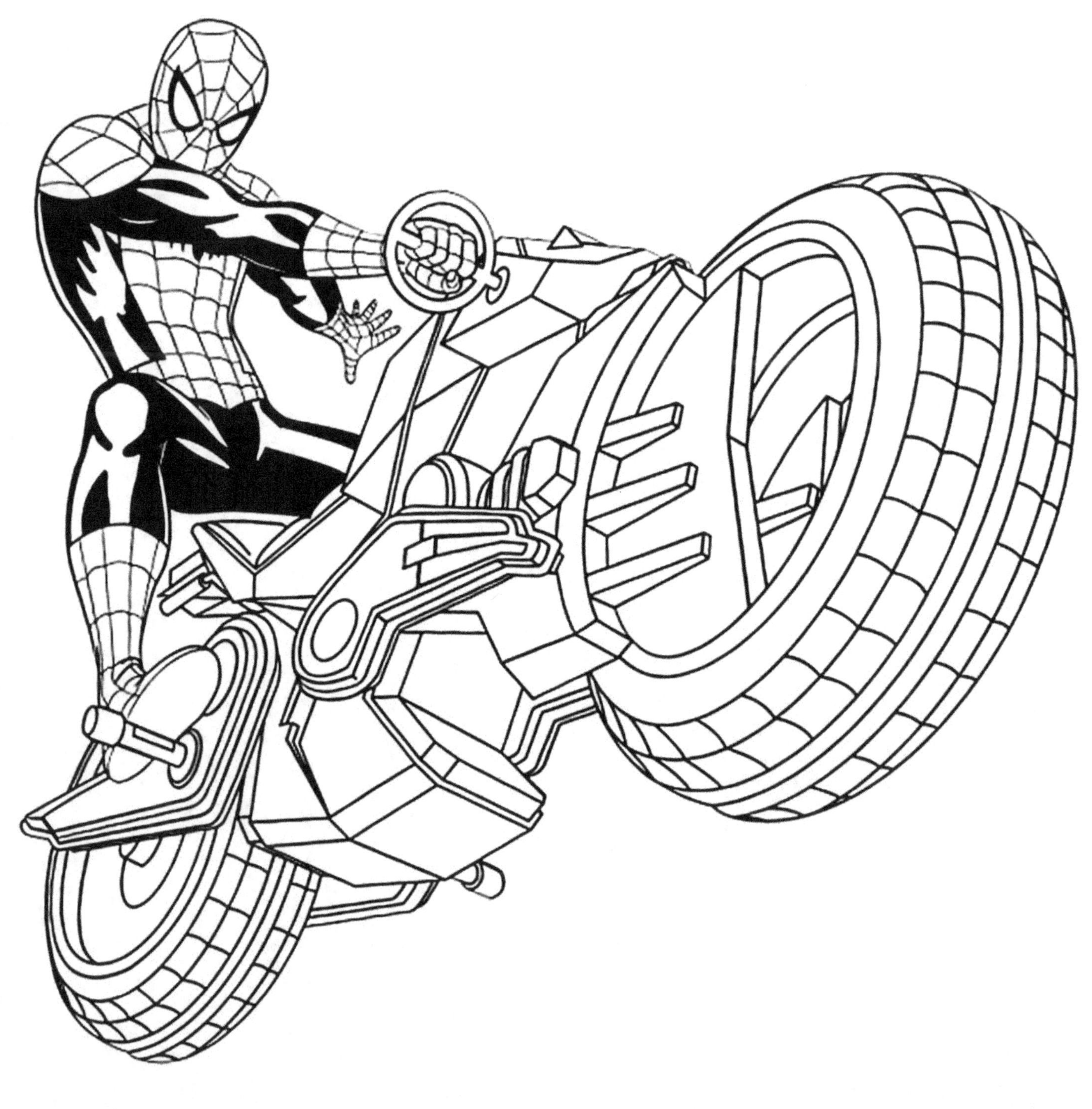

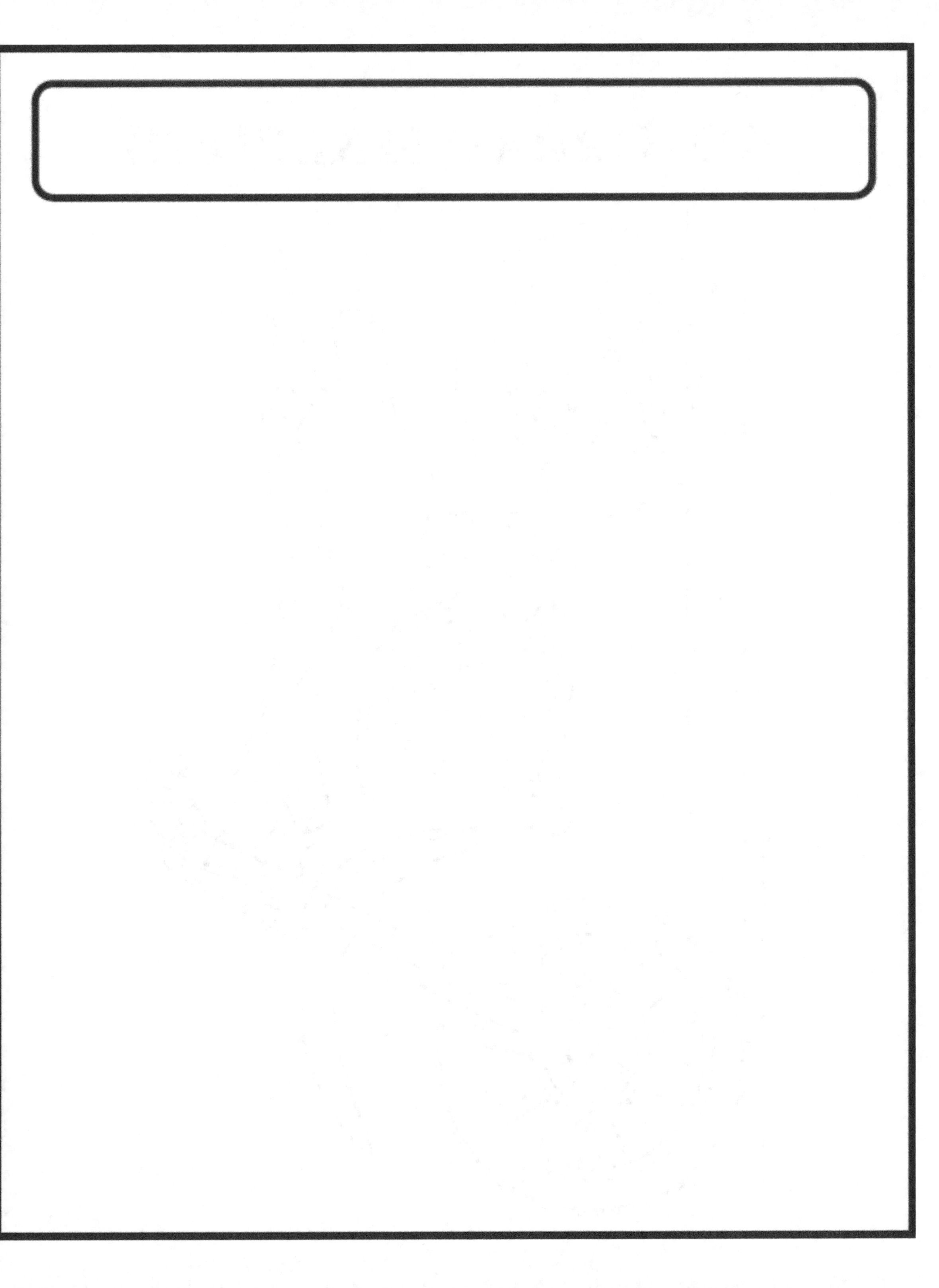

MOTORRAD MALBUCH

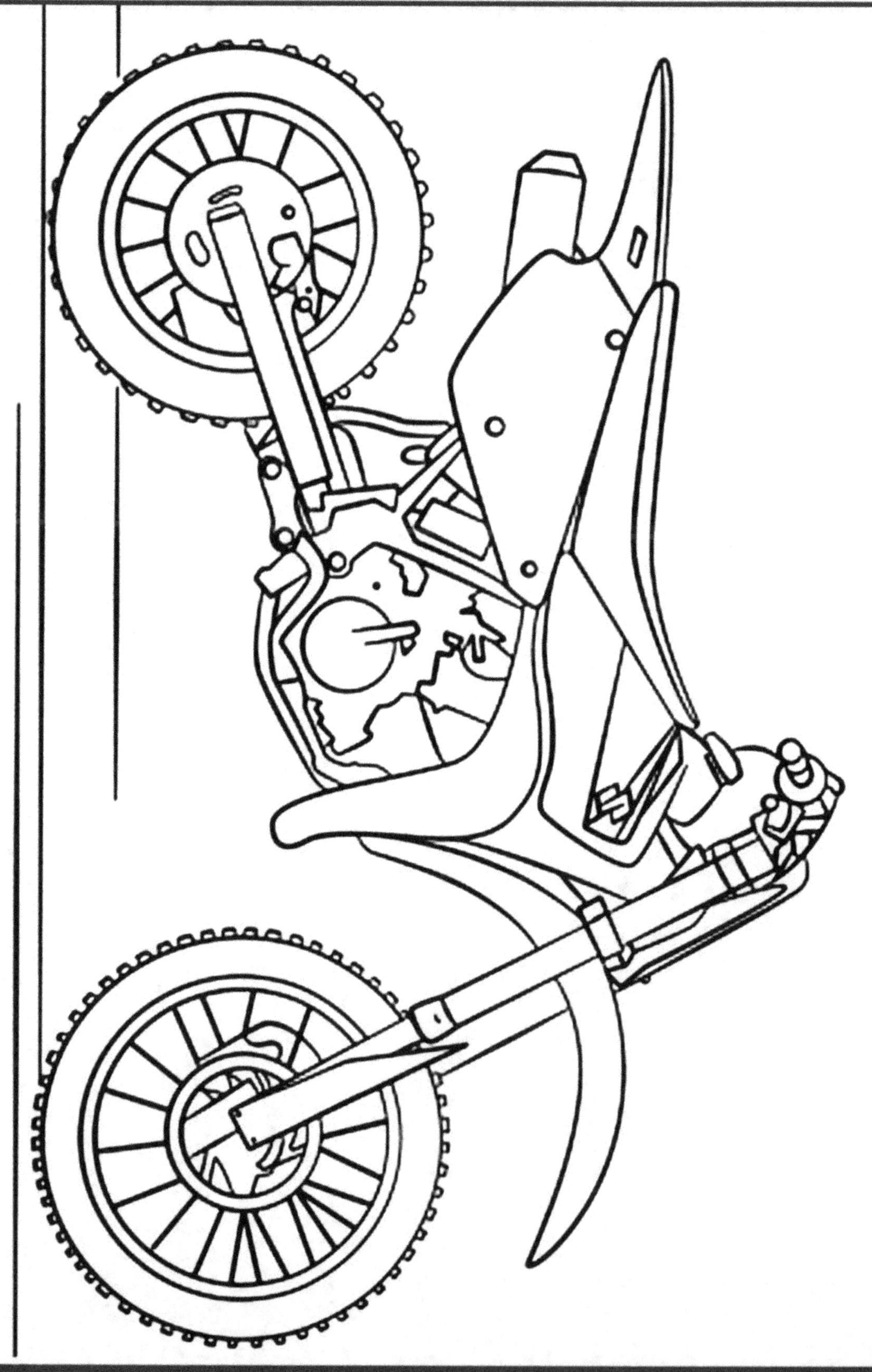

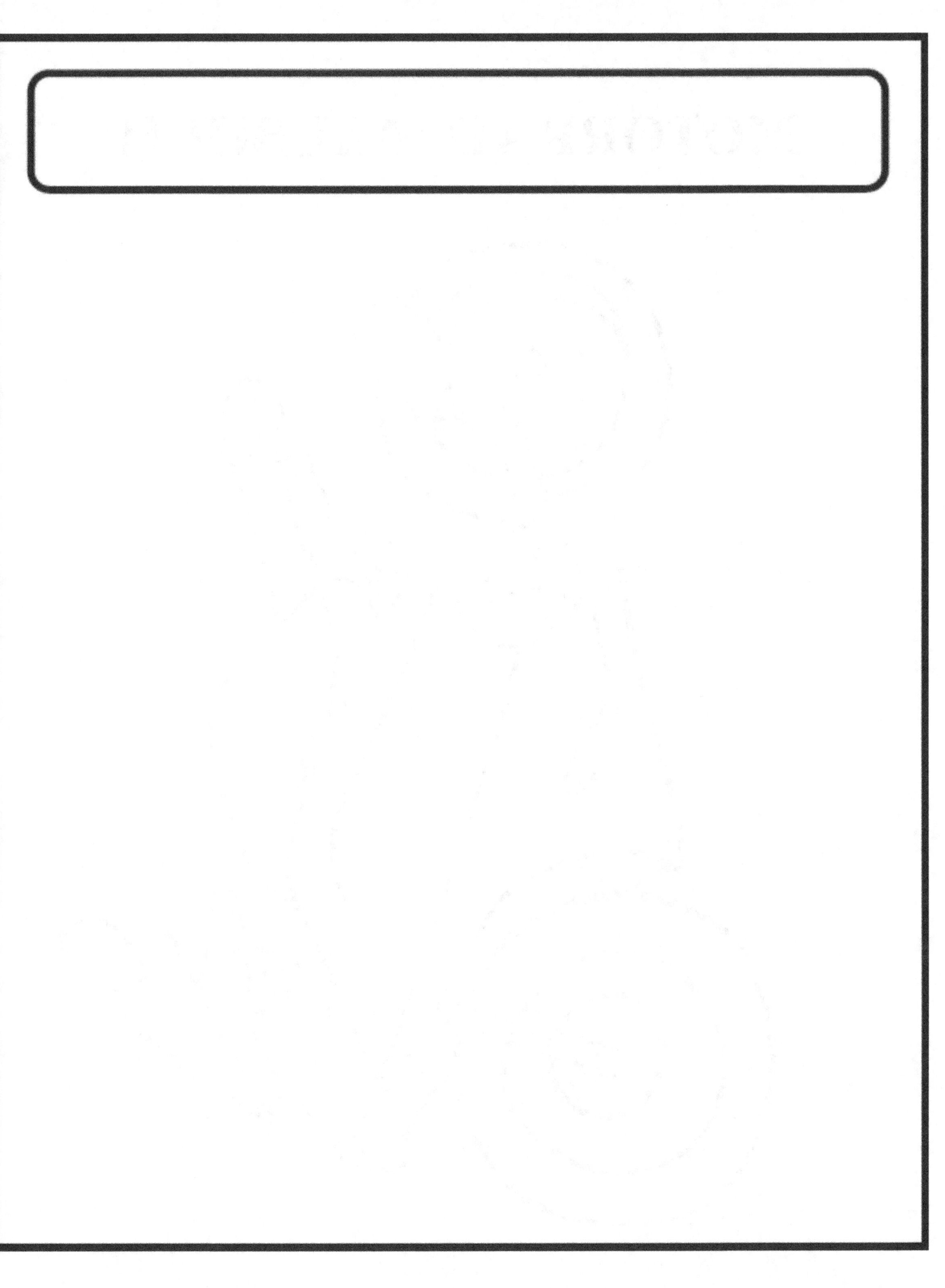

MOTORRAD MALBUCH

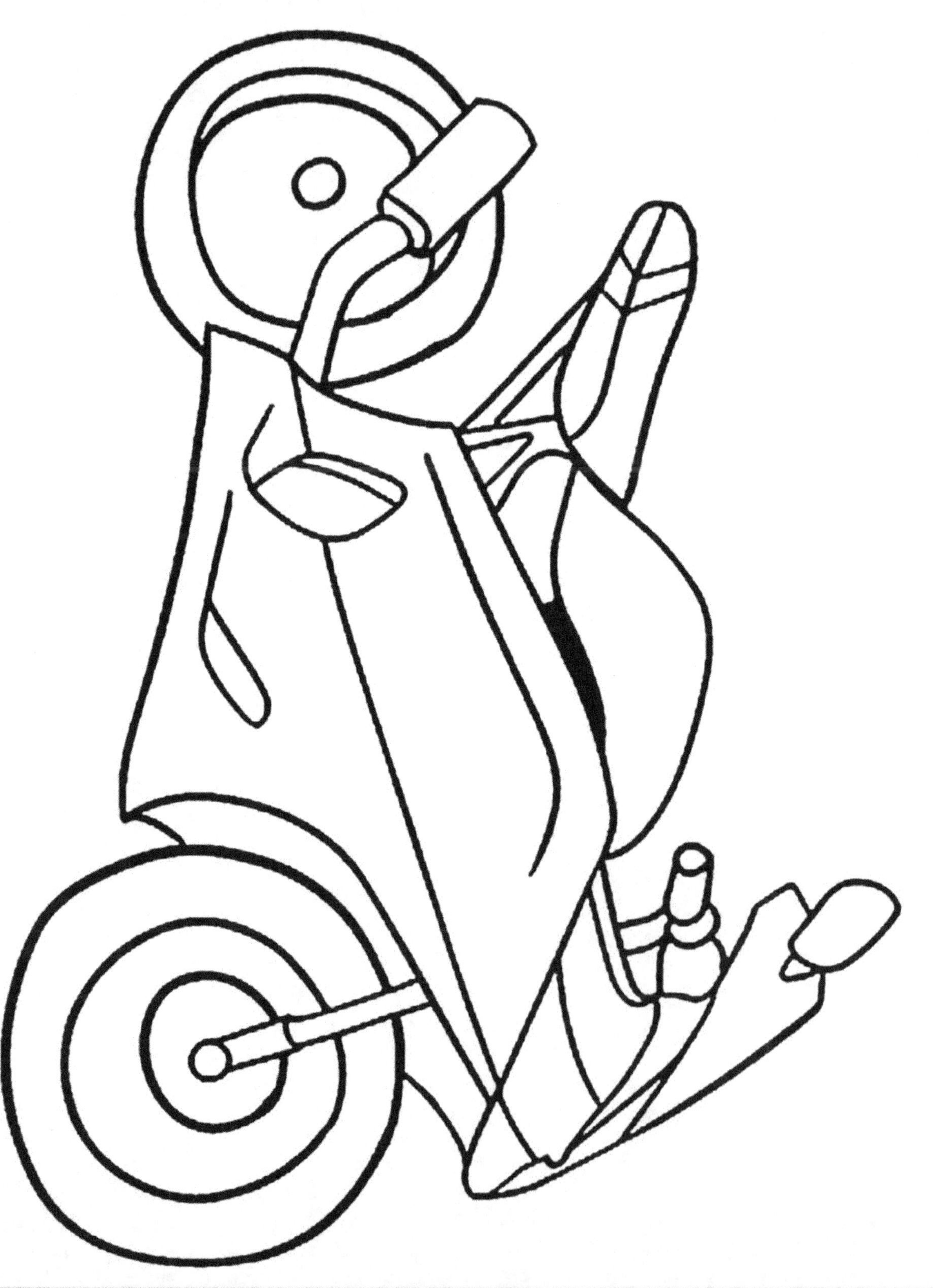

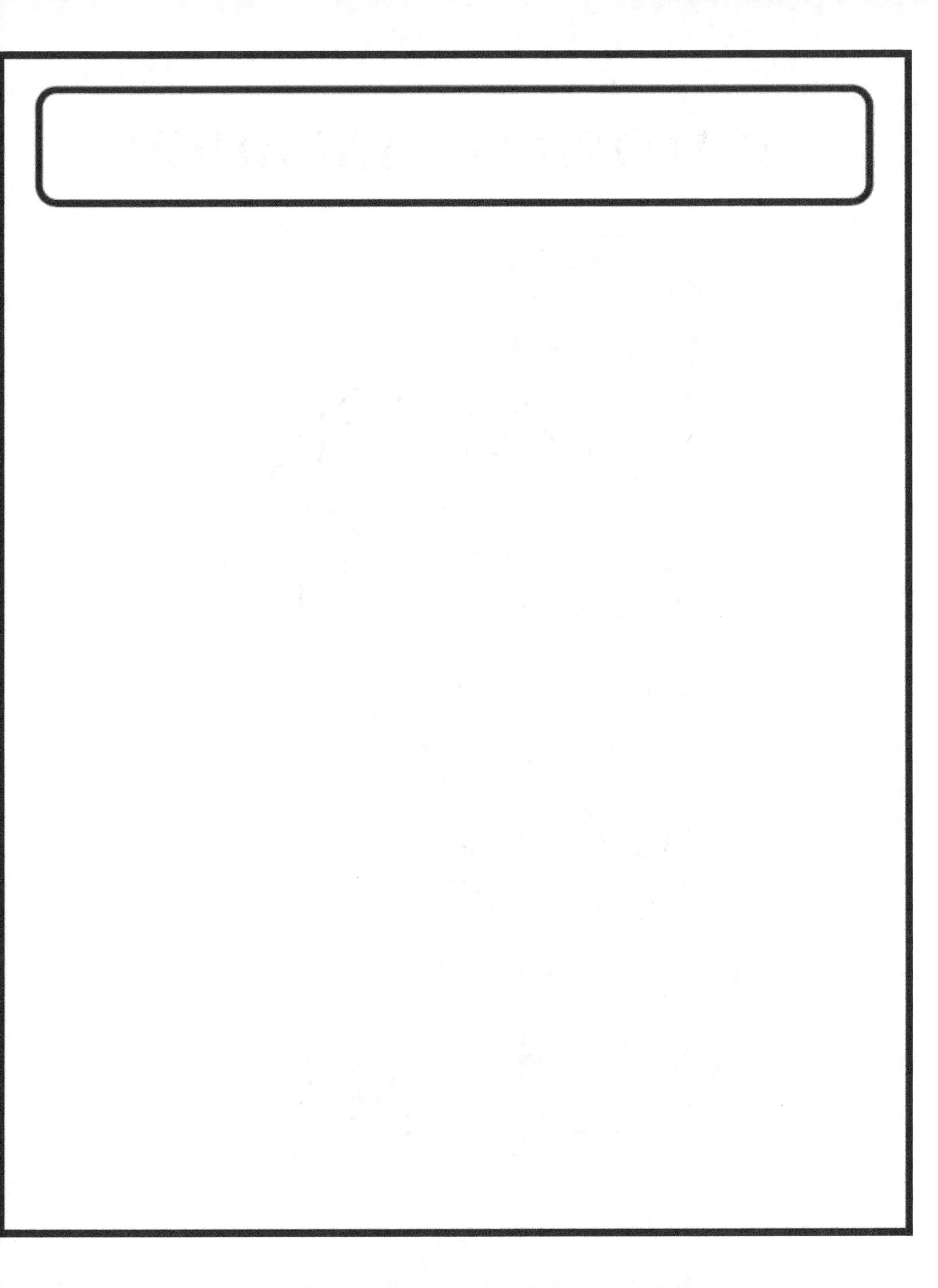

MOTORRAD MALBUCH

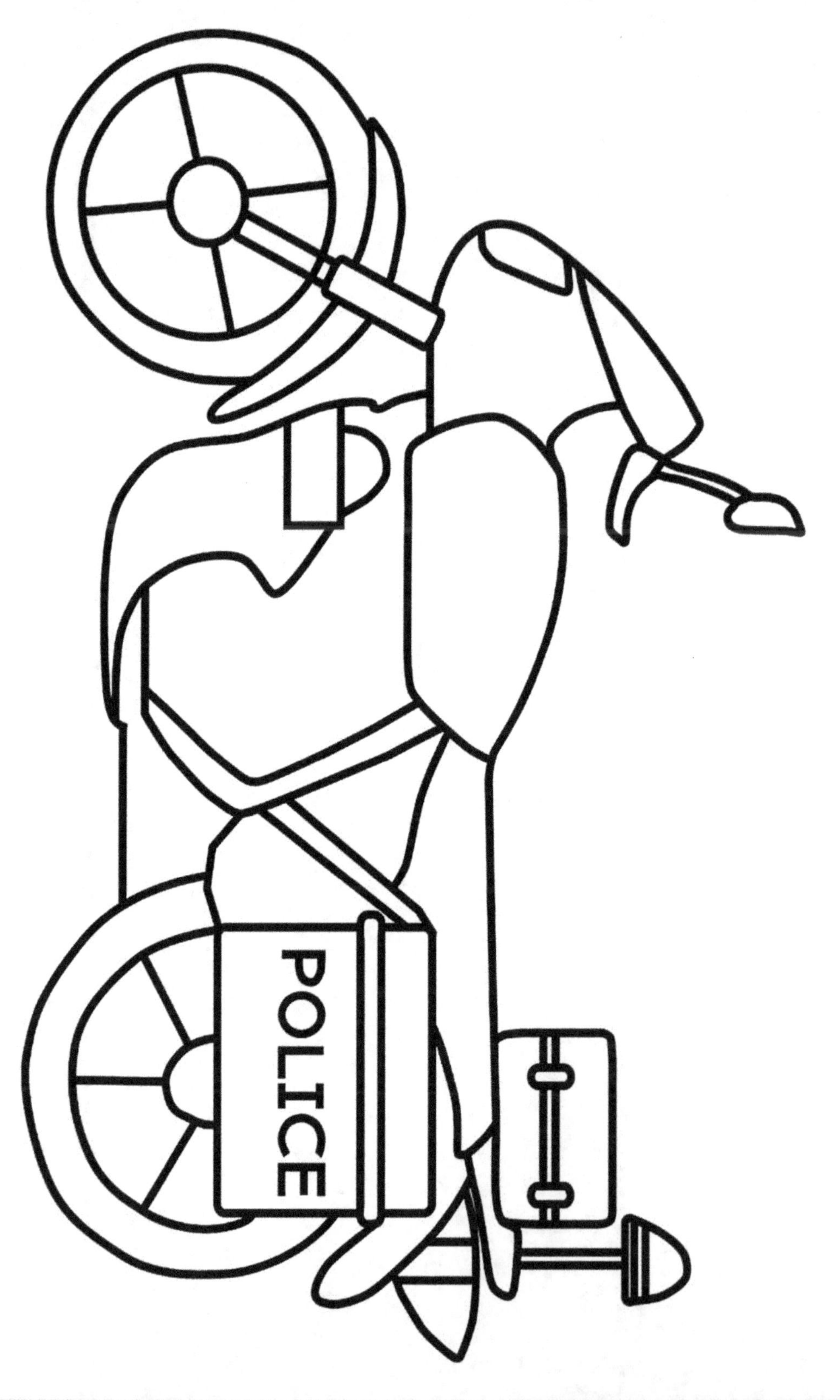

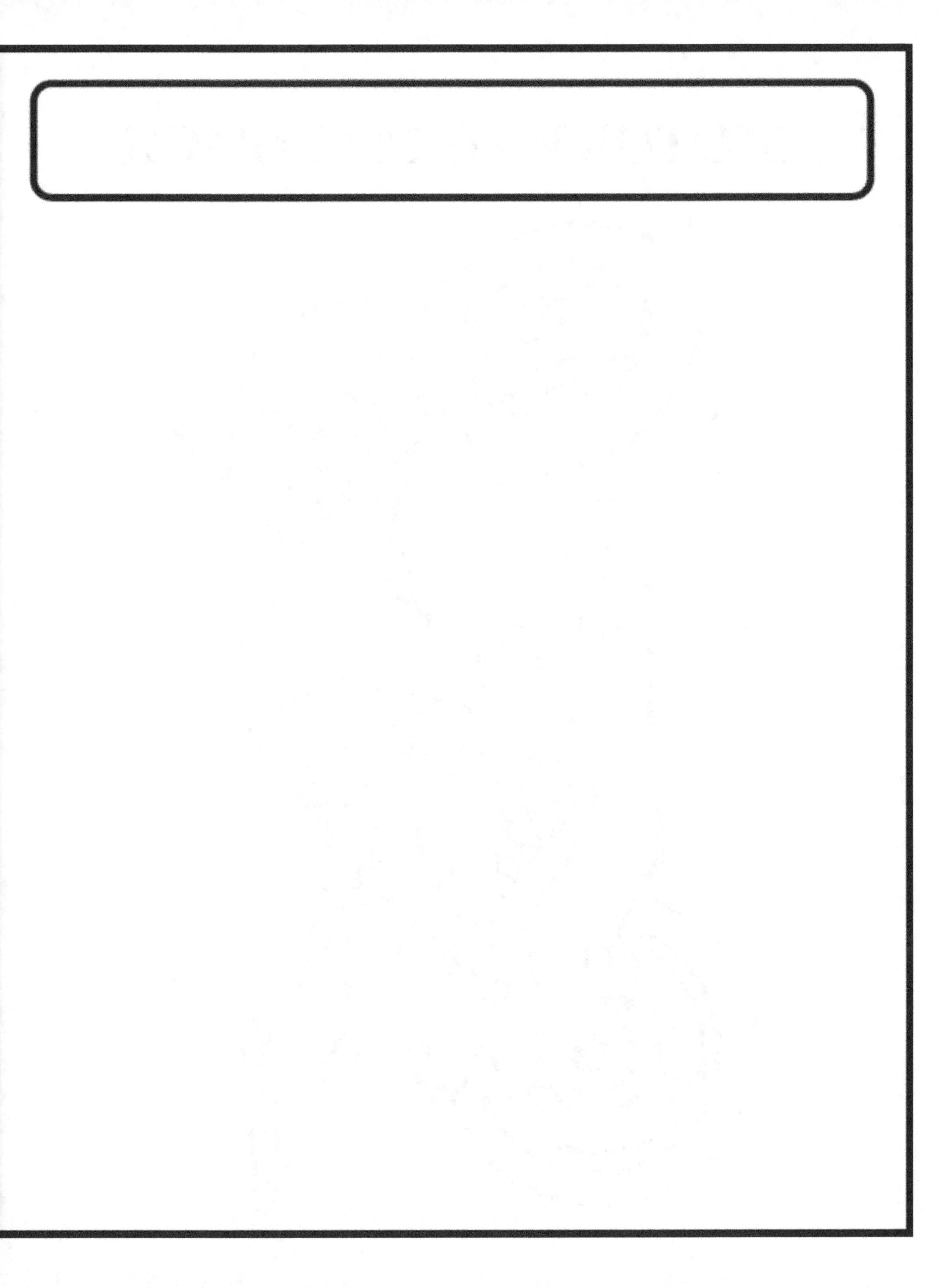

MOTORRAD MALBUCH

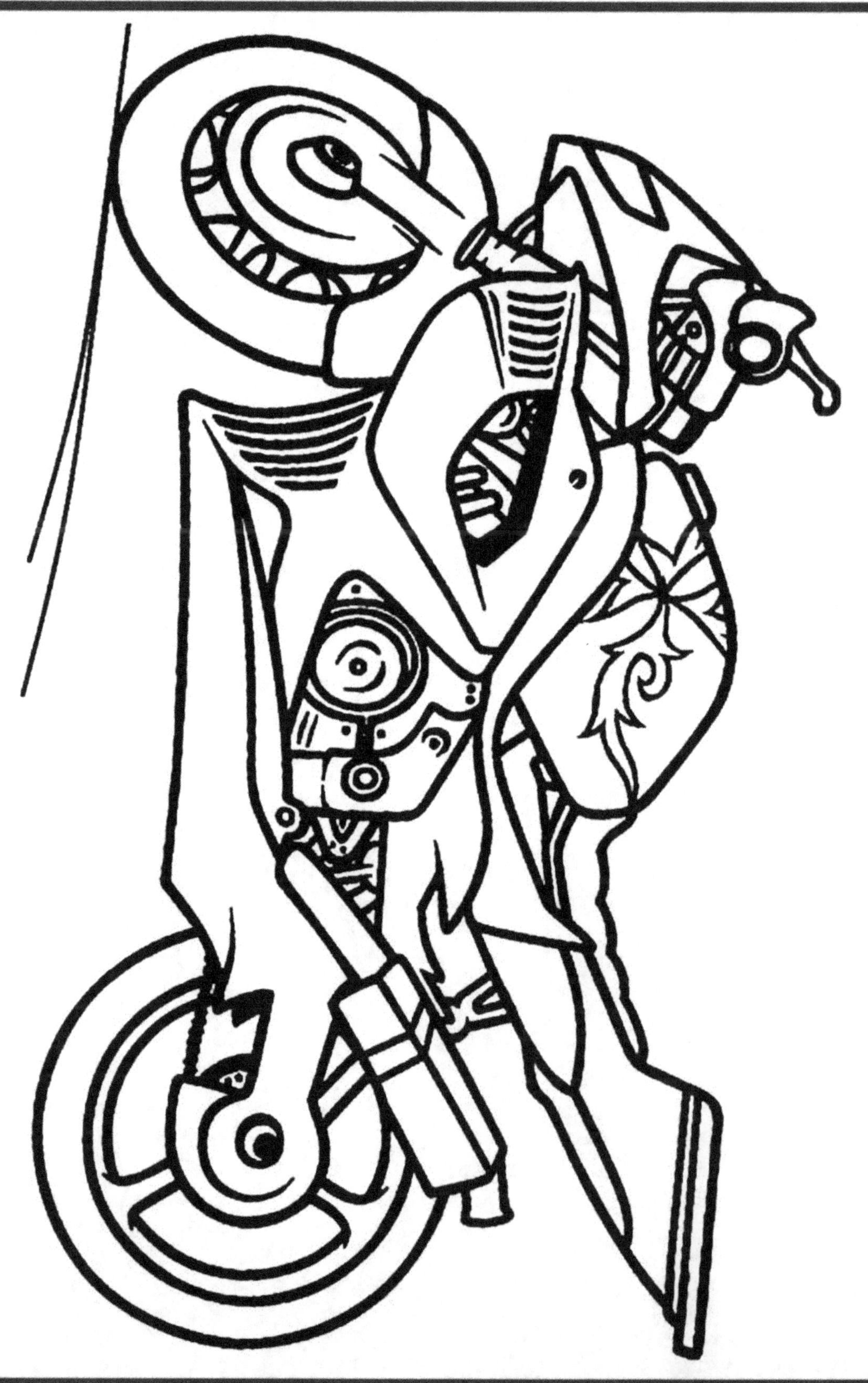

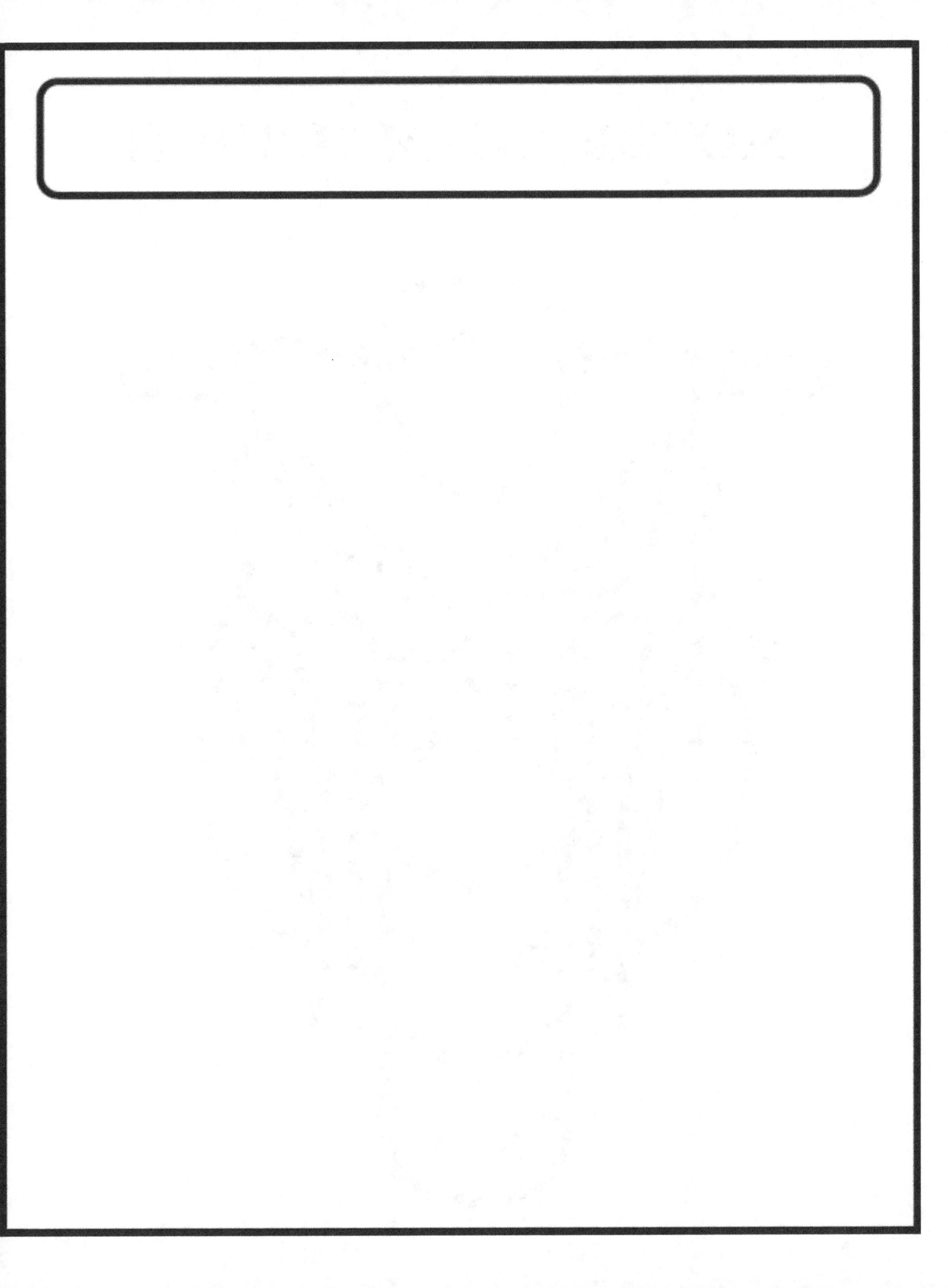

MOTORRAD MALBUCH

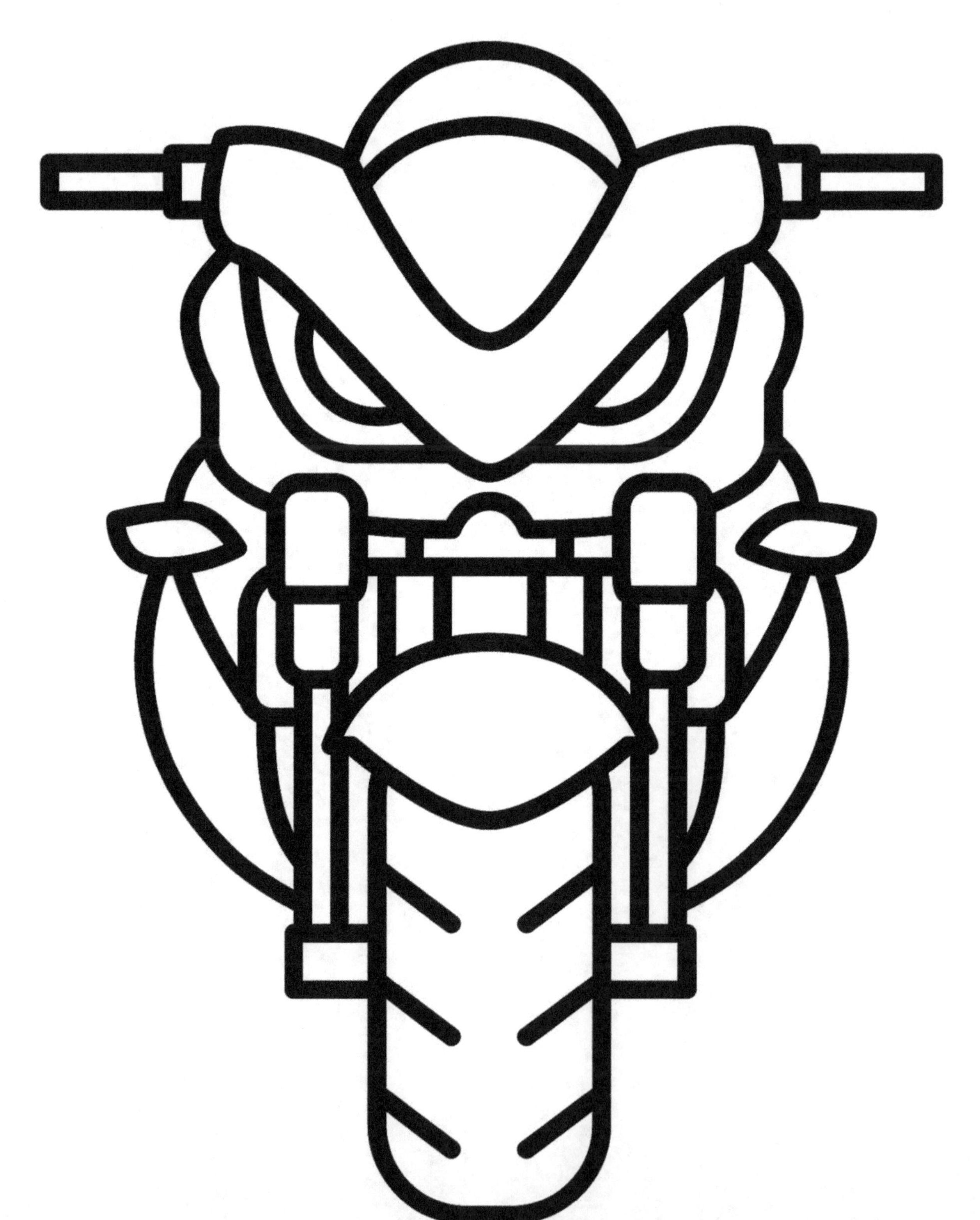

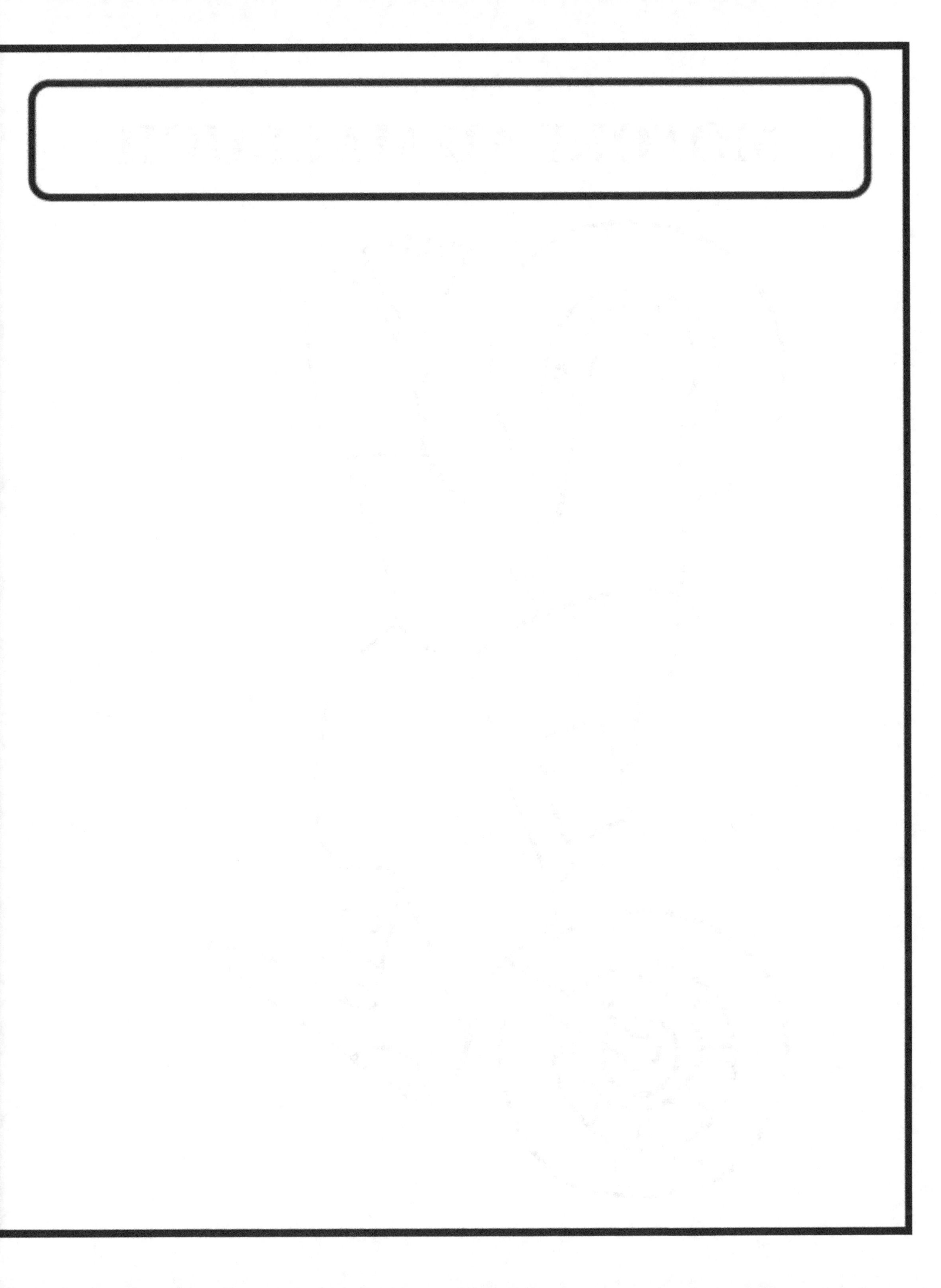

MOTORRAD MALBUCH

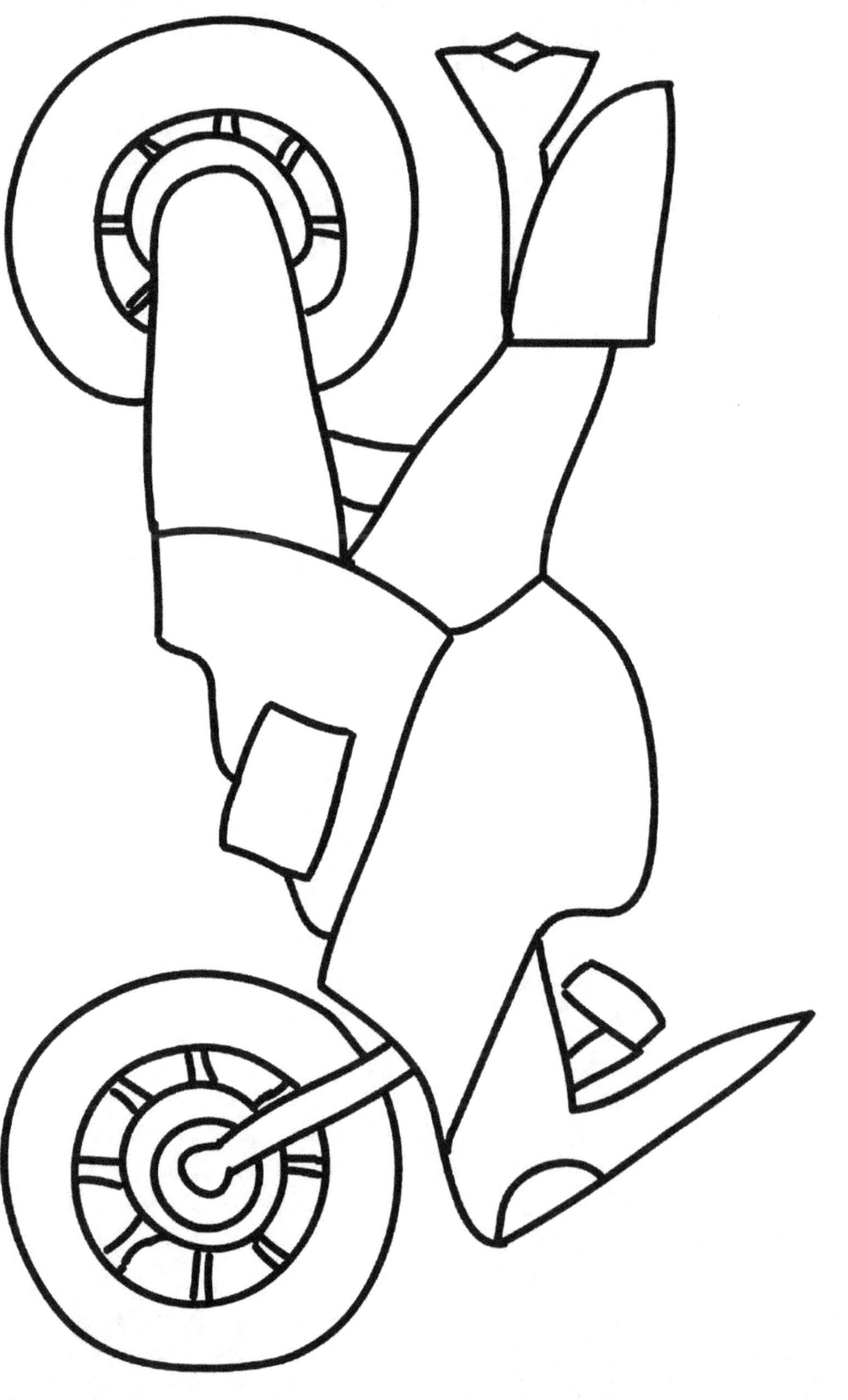

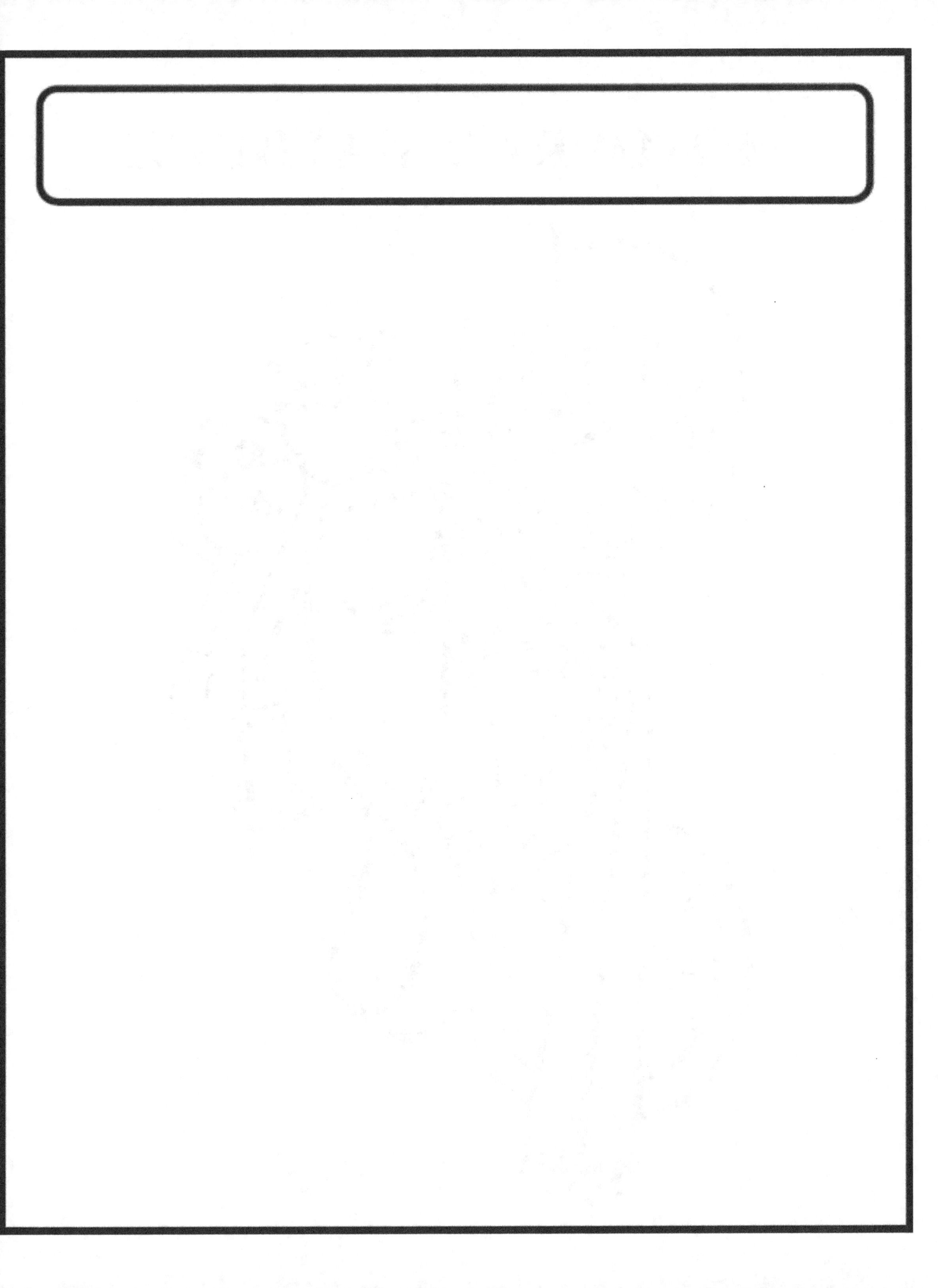

MOTORRAD MALBUCH

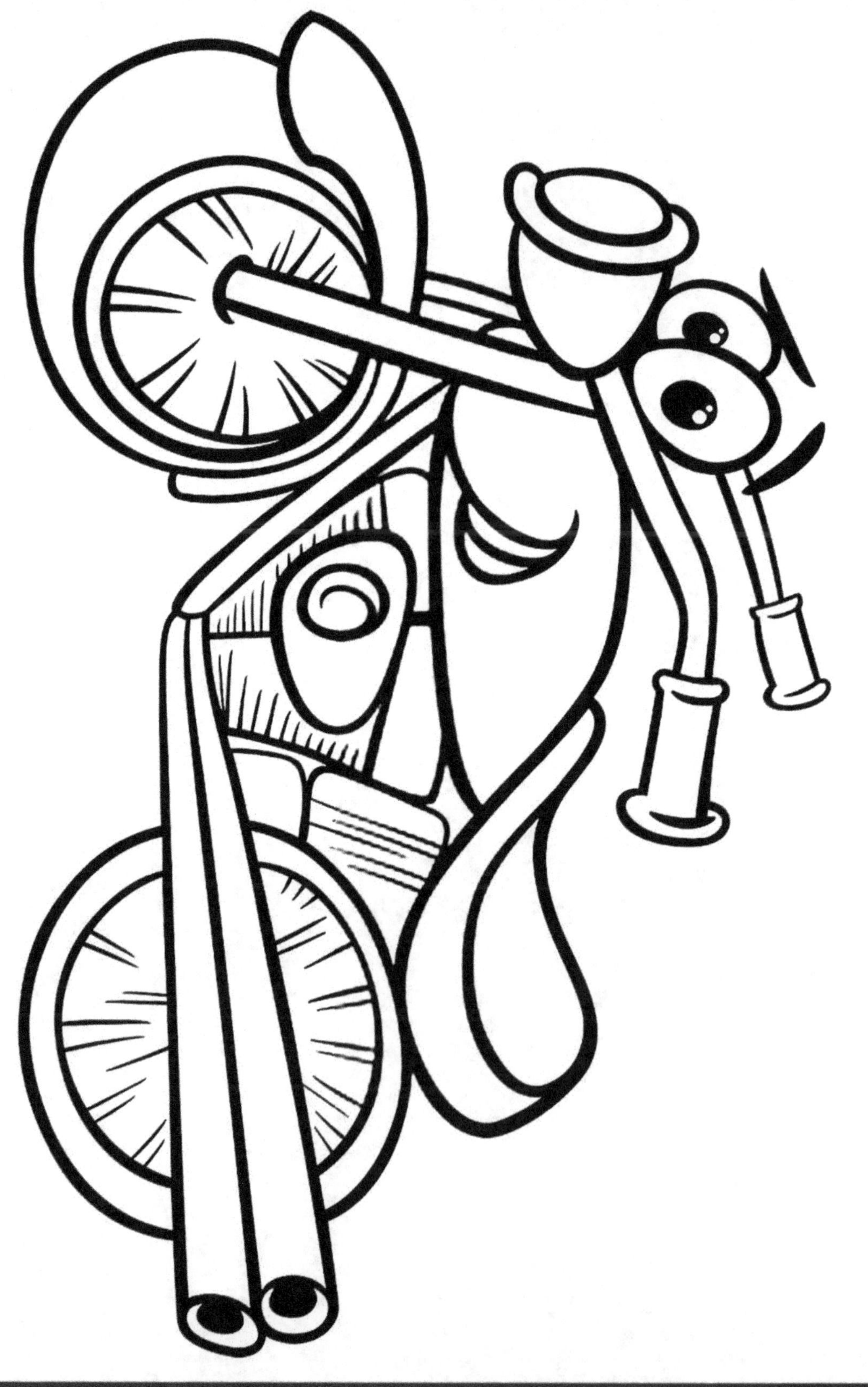

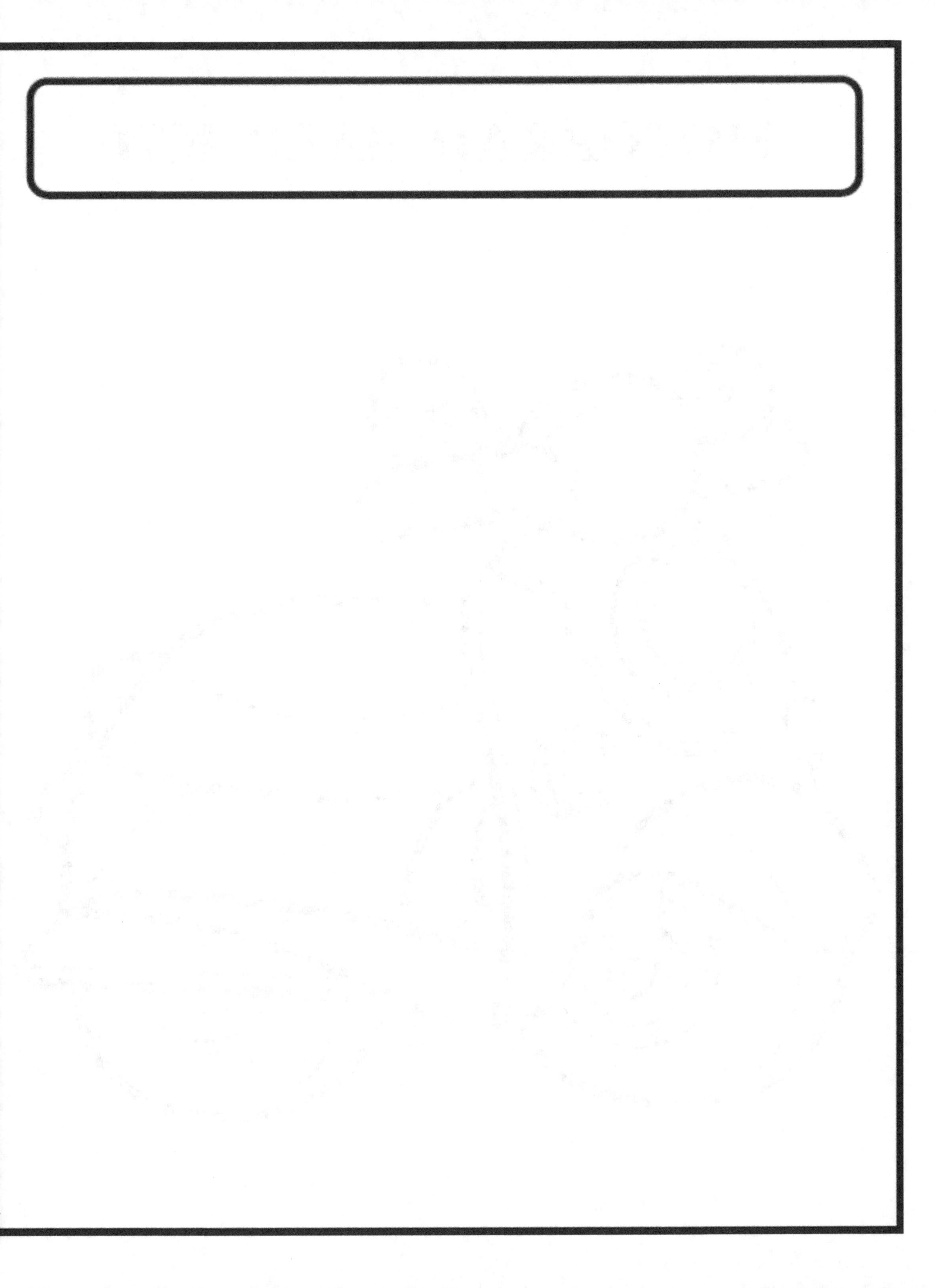

MOTORRAD MALBUCH

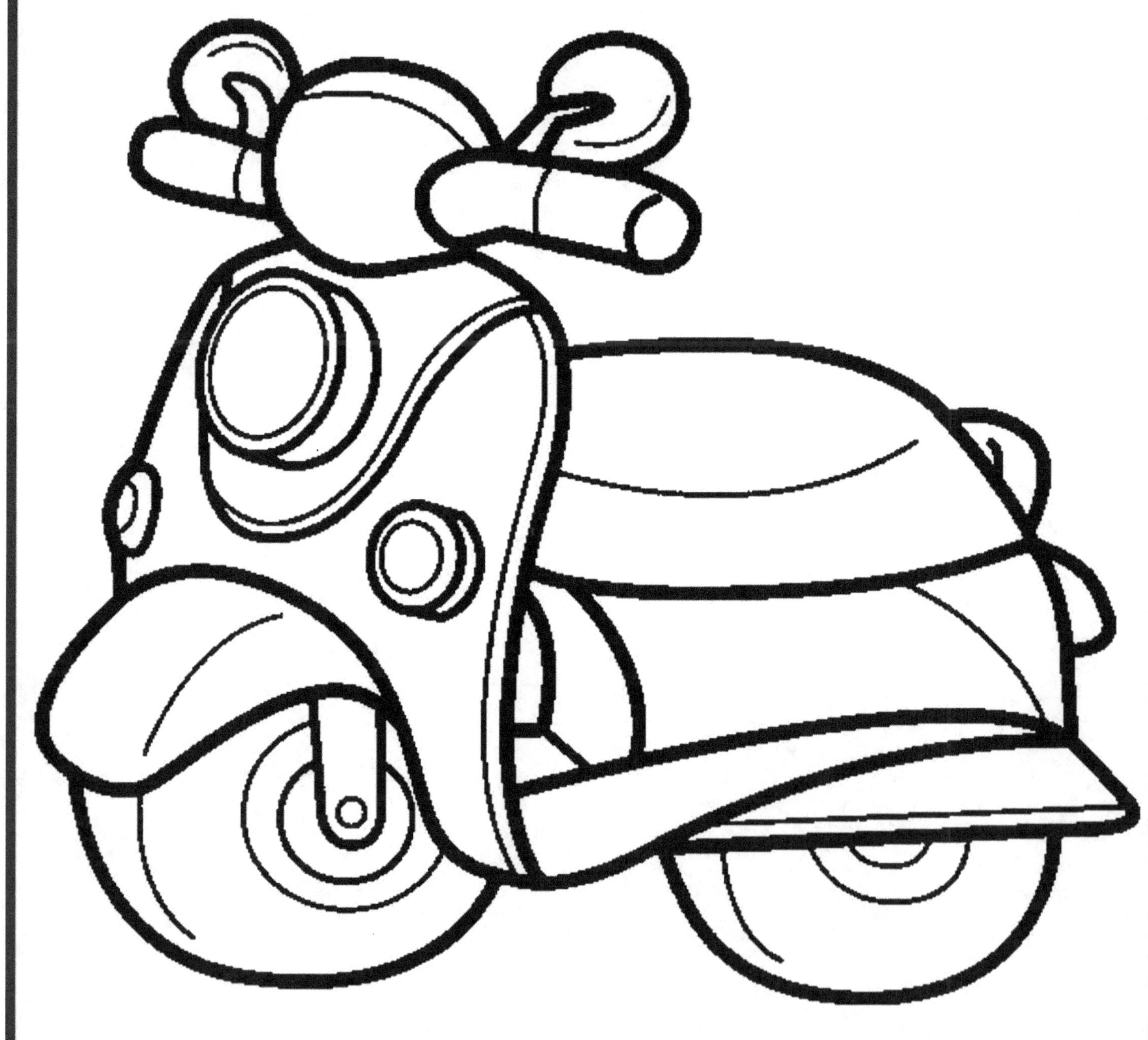

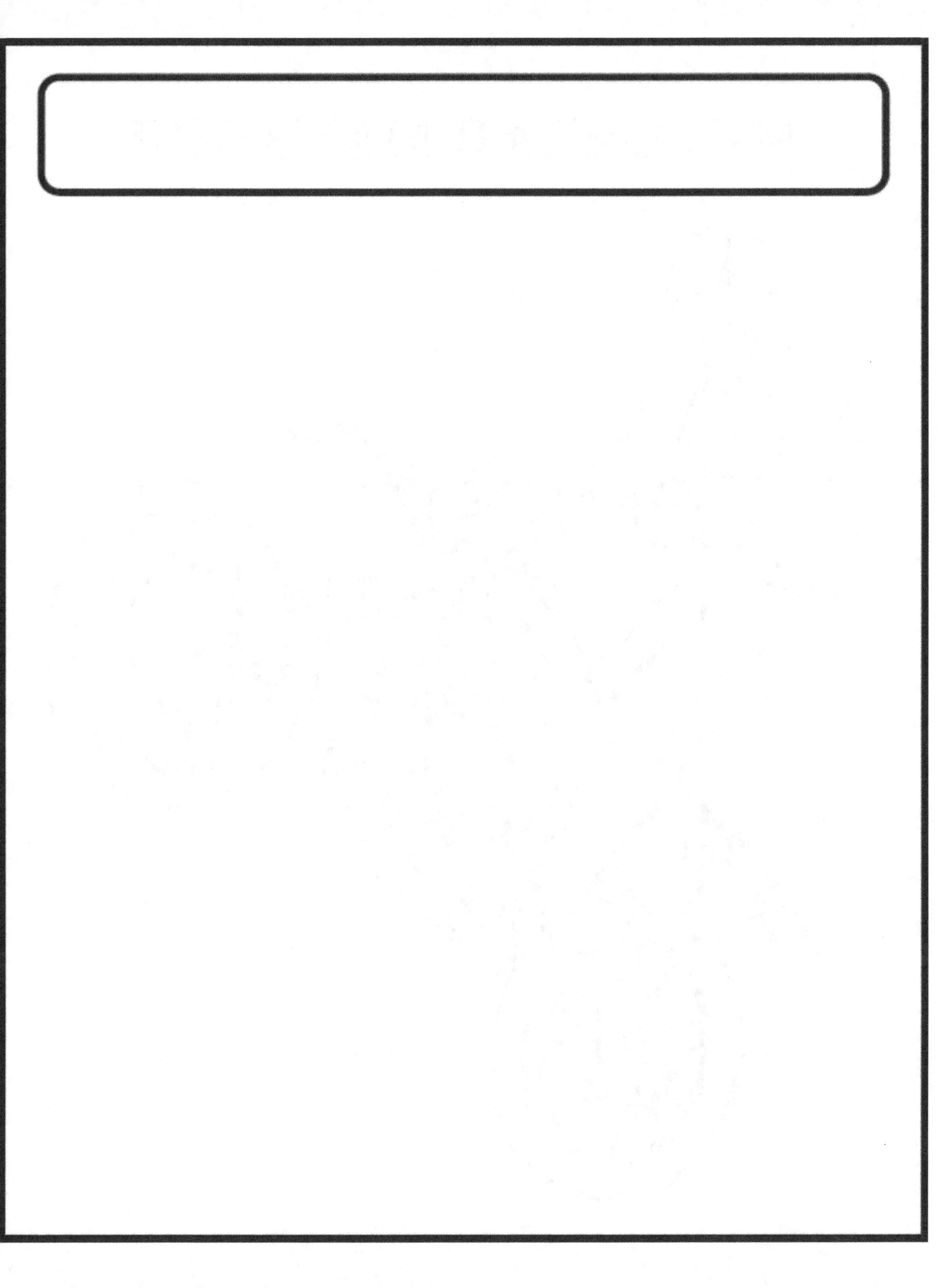

MOTORRAD MALBUCH

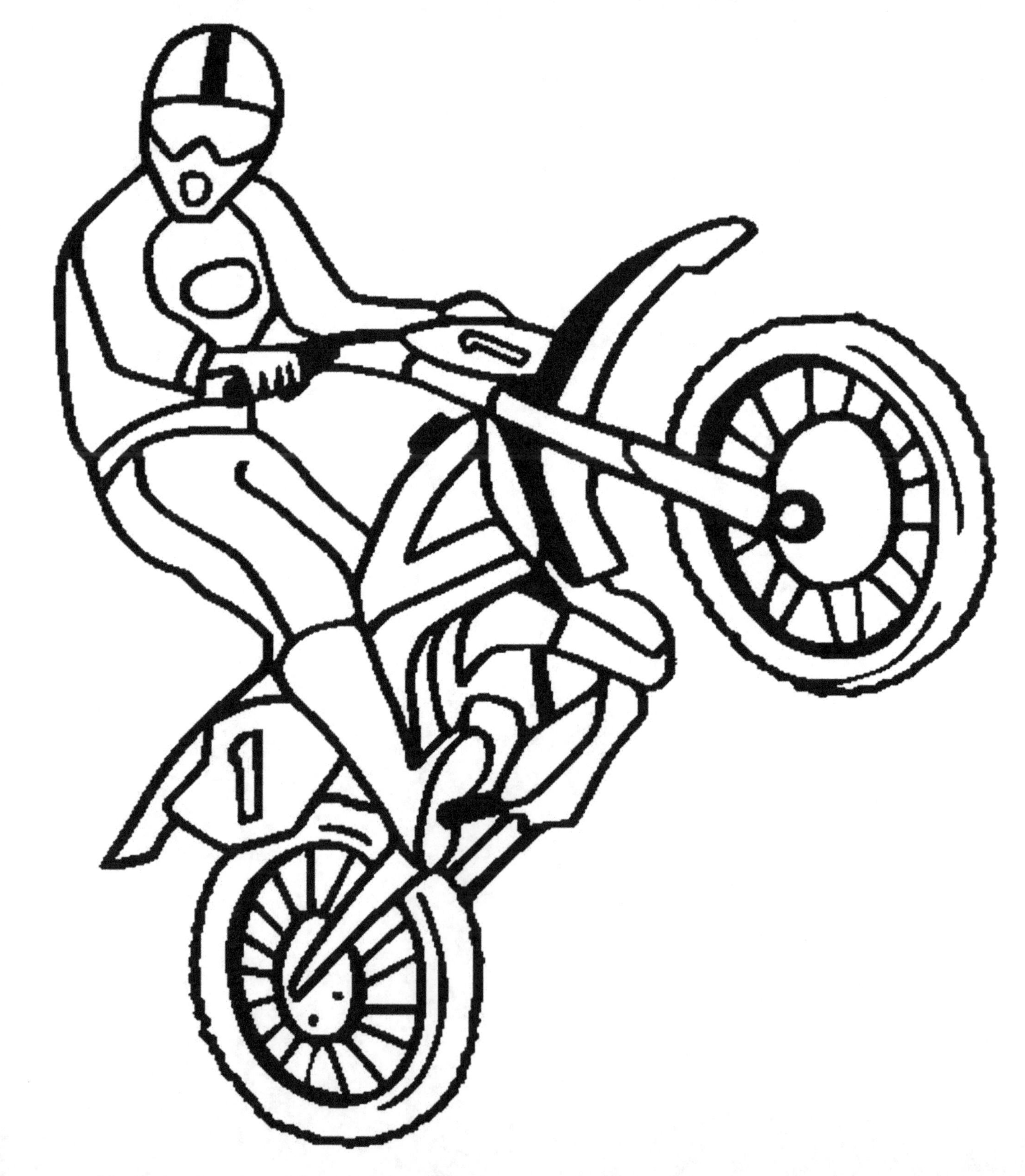

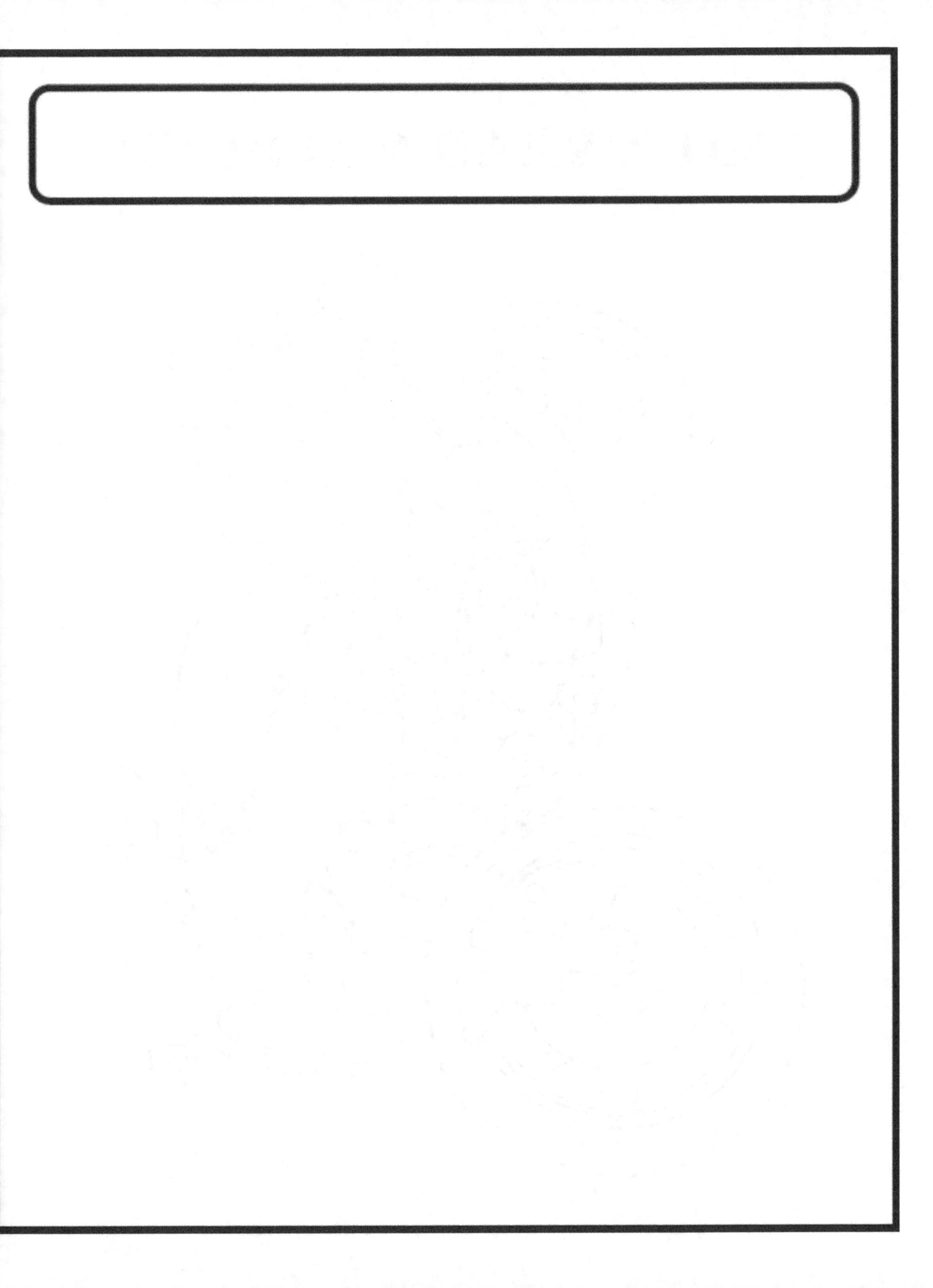

MOTORRAD MALBUCH

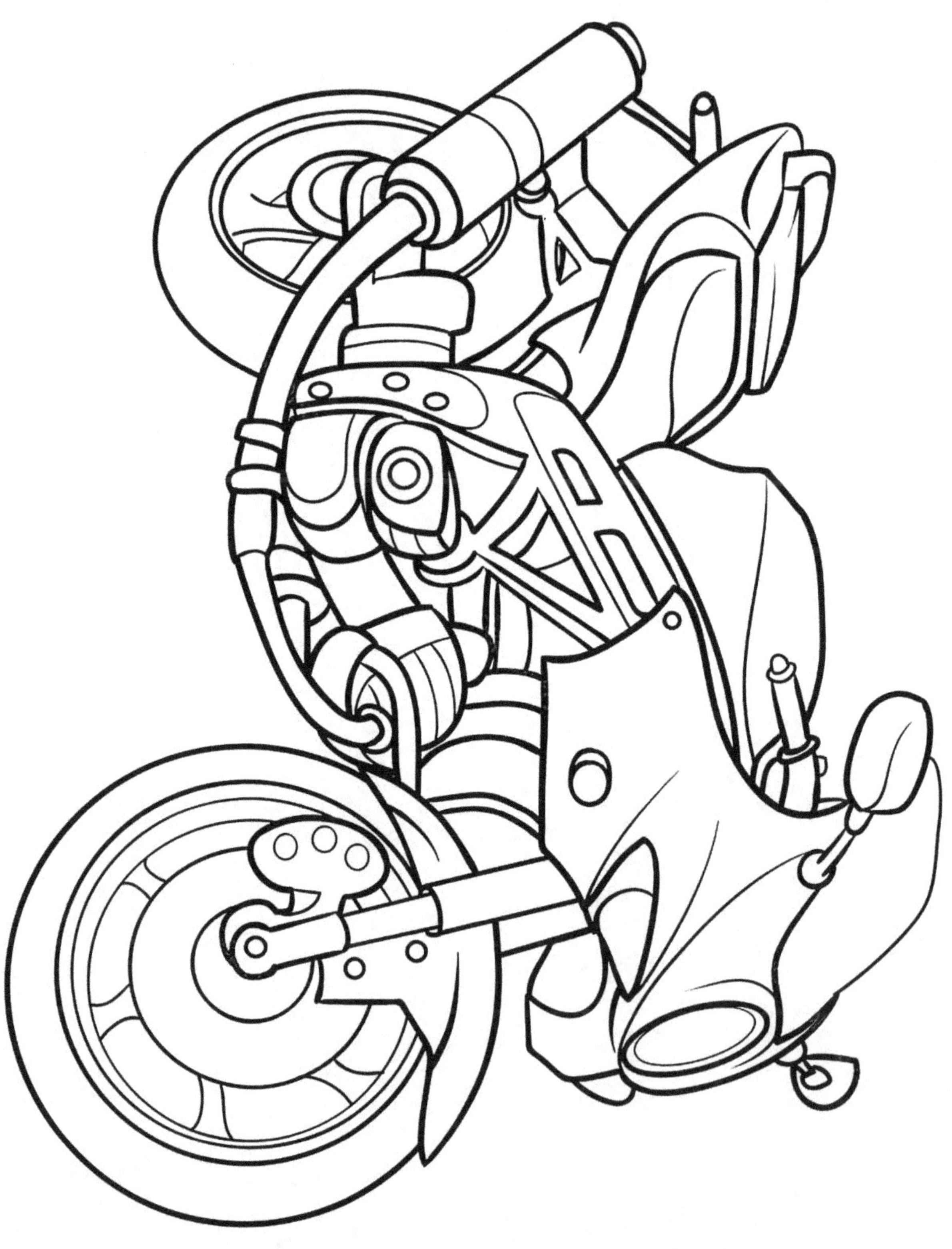

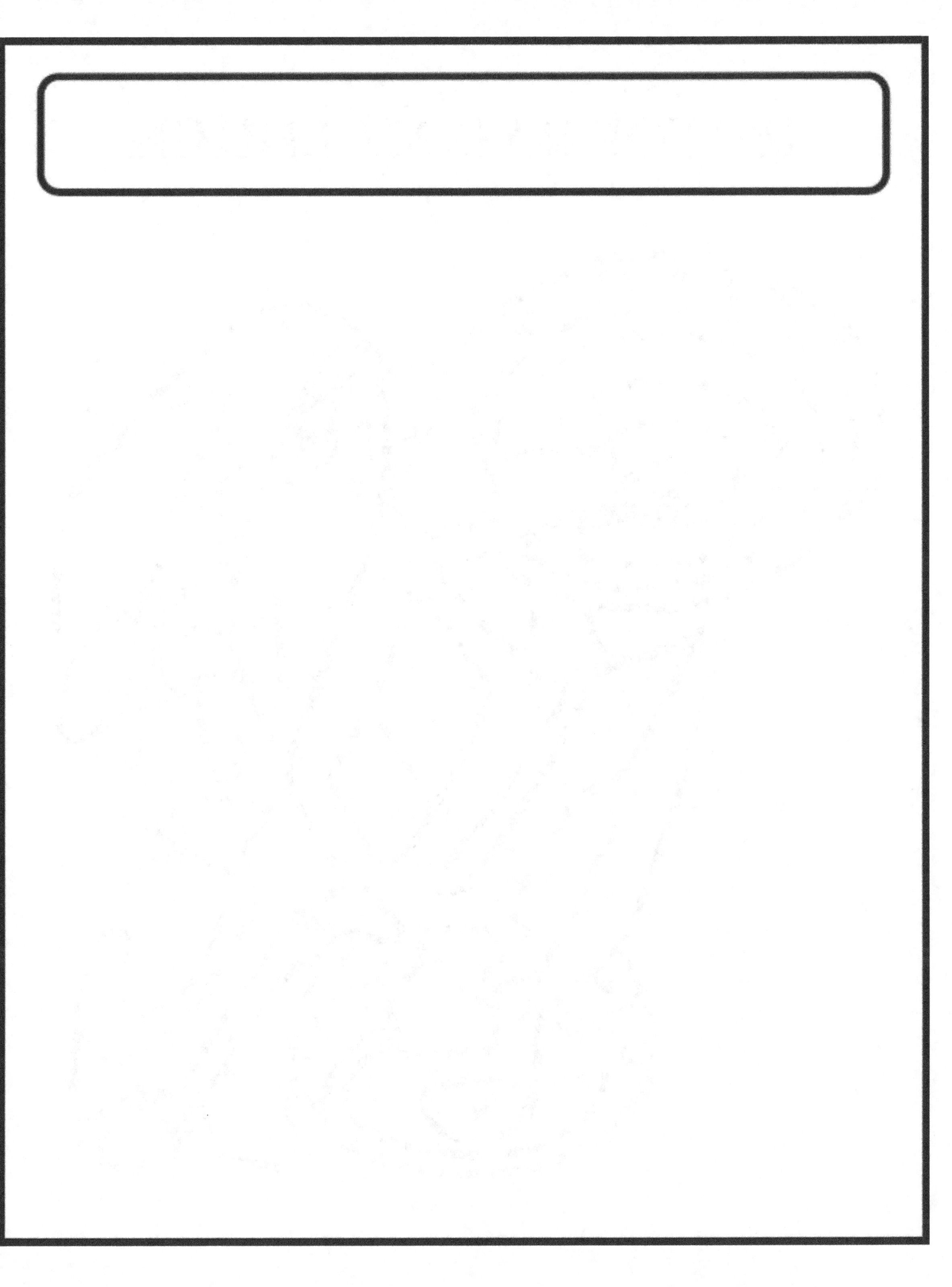

MOTORRAD MALBUCH

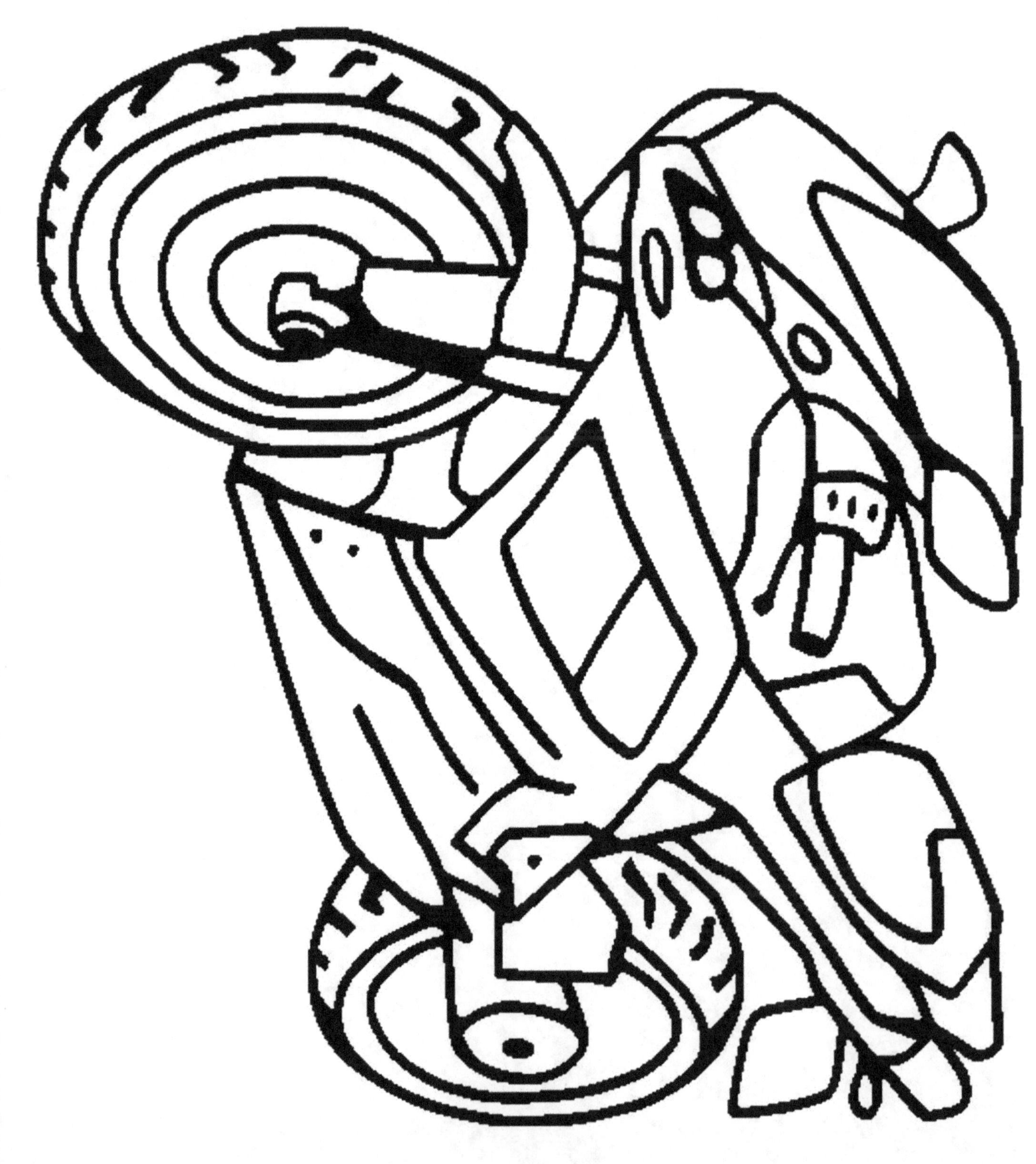

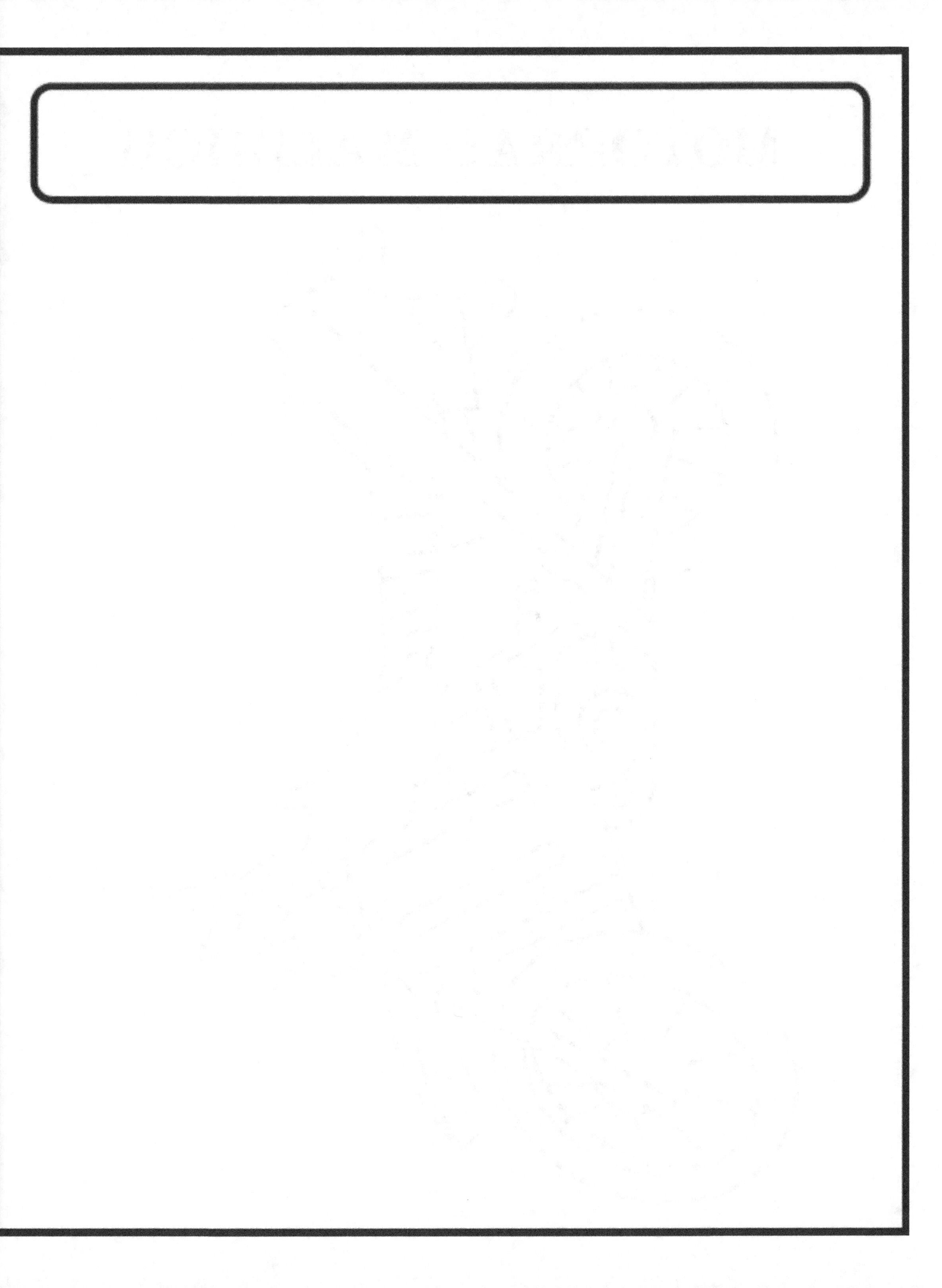

MOTORRAD MALBUCH

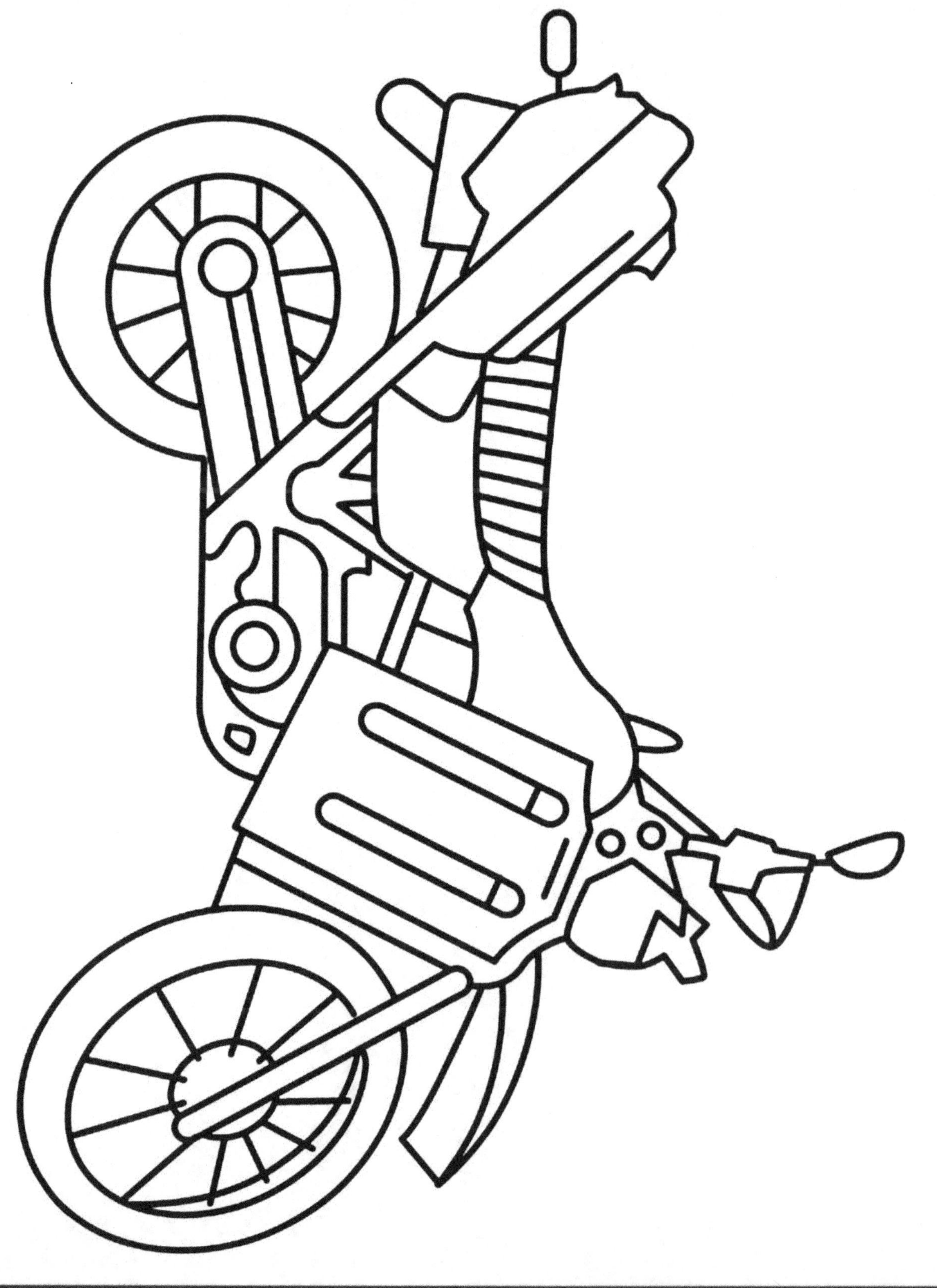

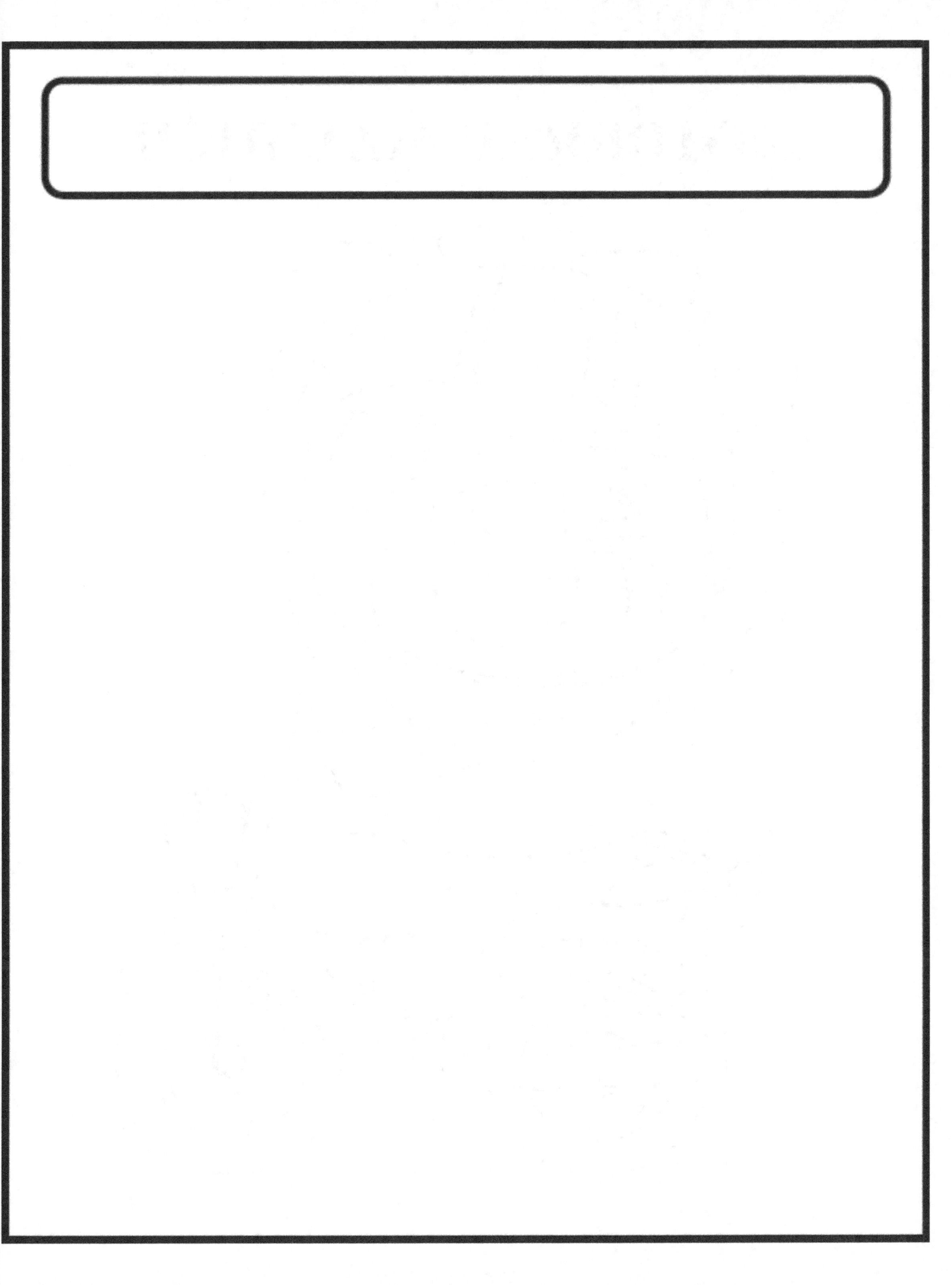

MOTORRAD MALBUCH

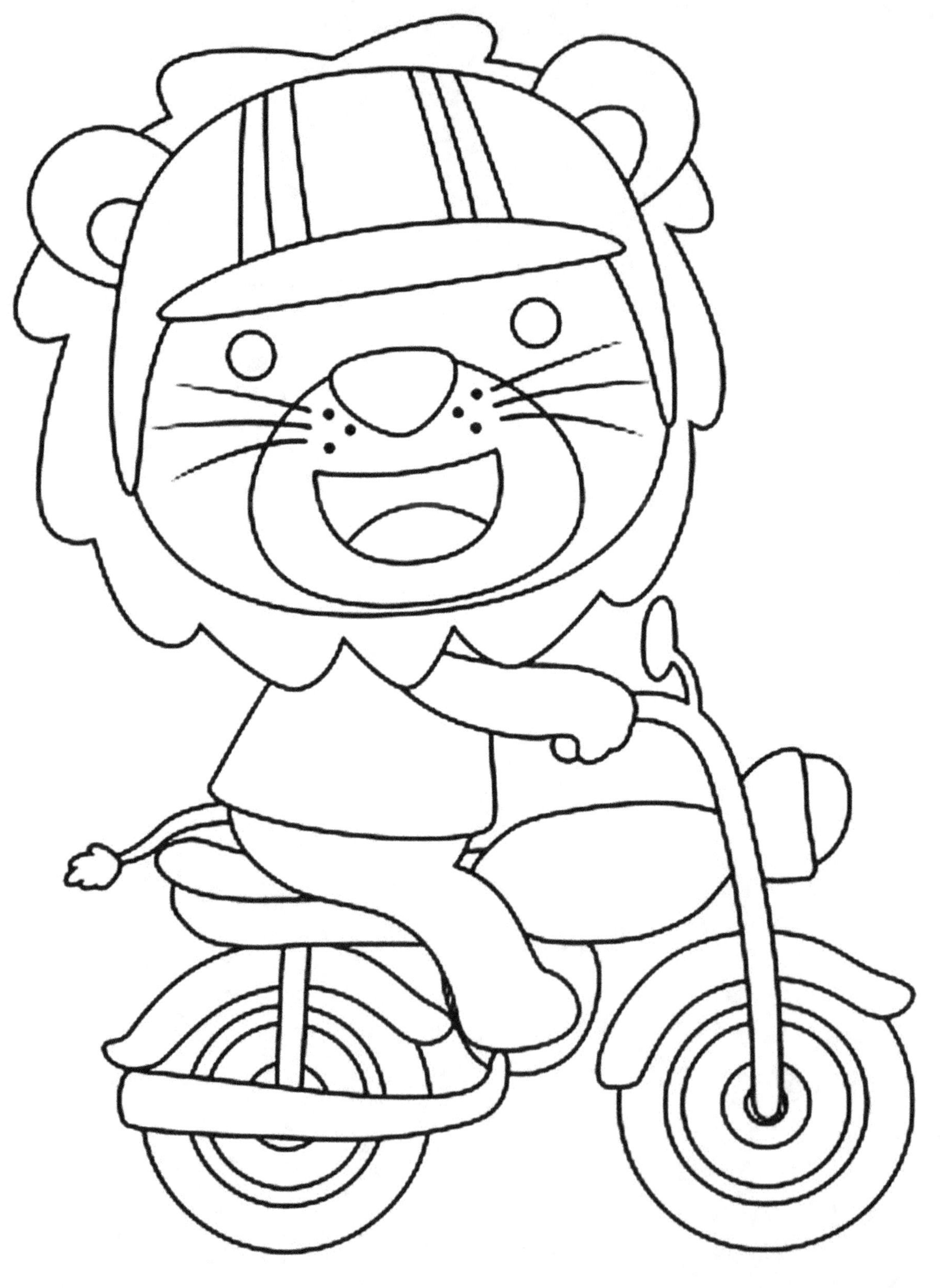

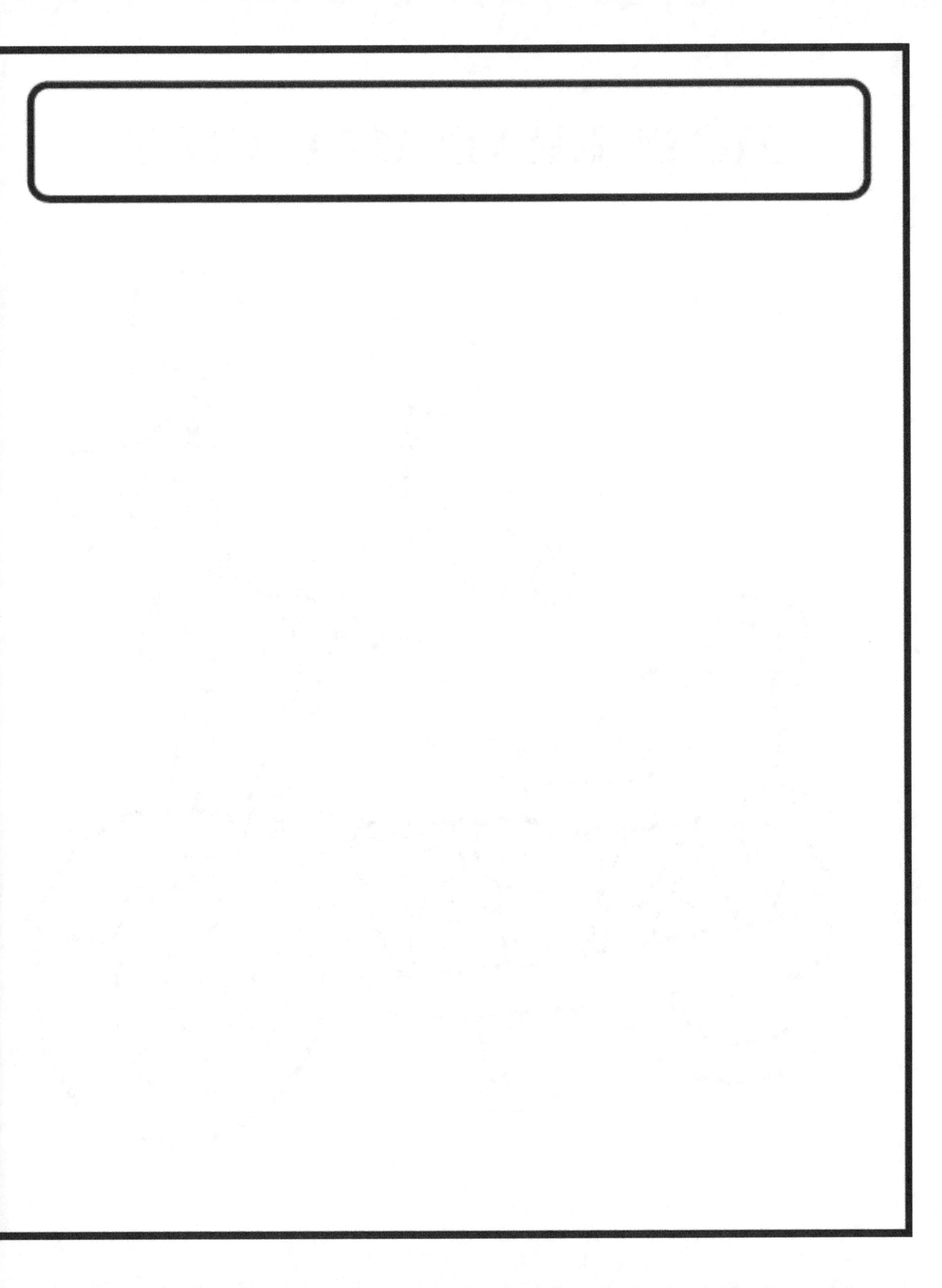

MOTORRAD MALBUCH

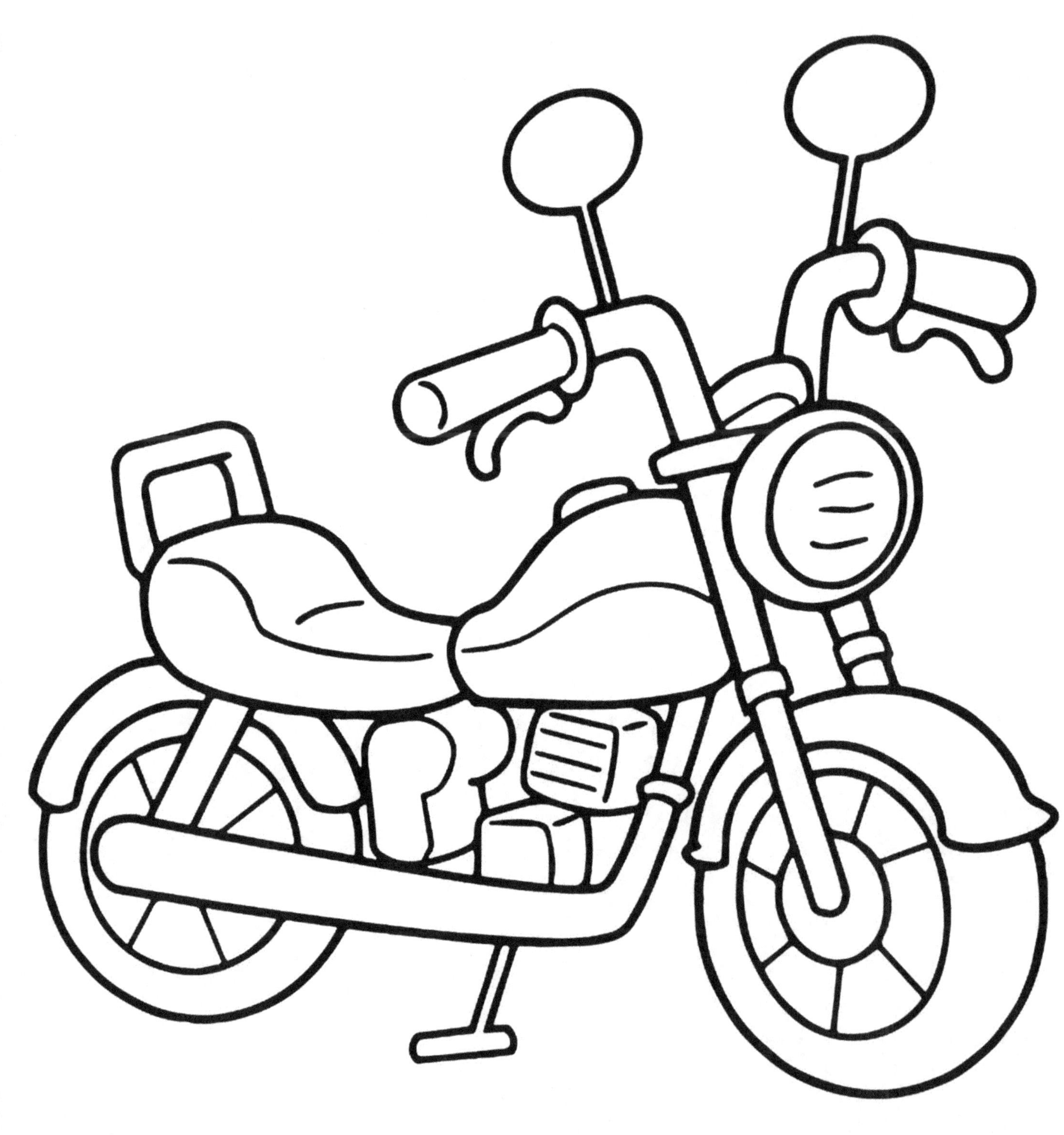

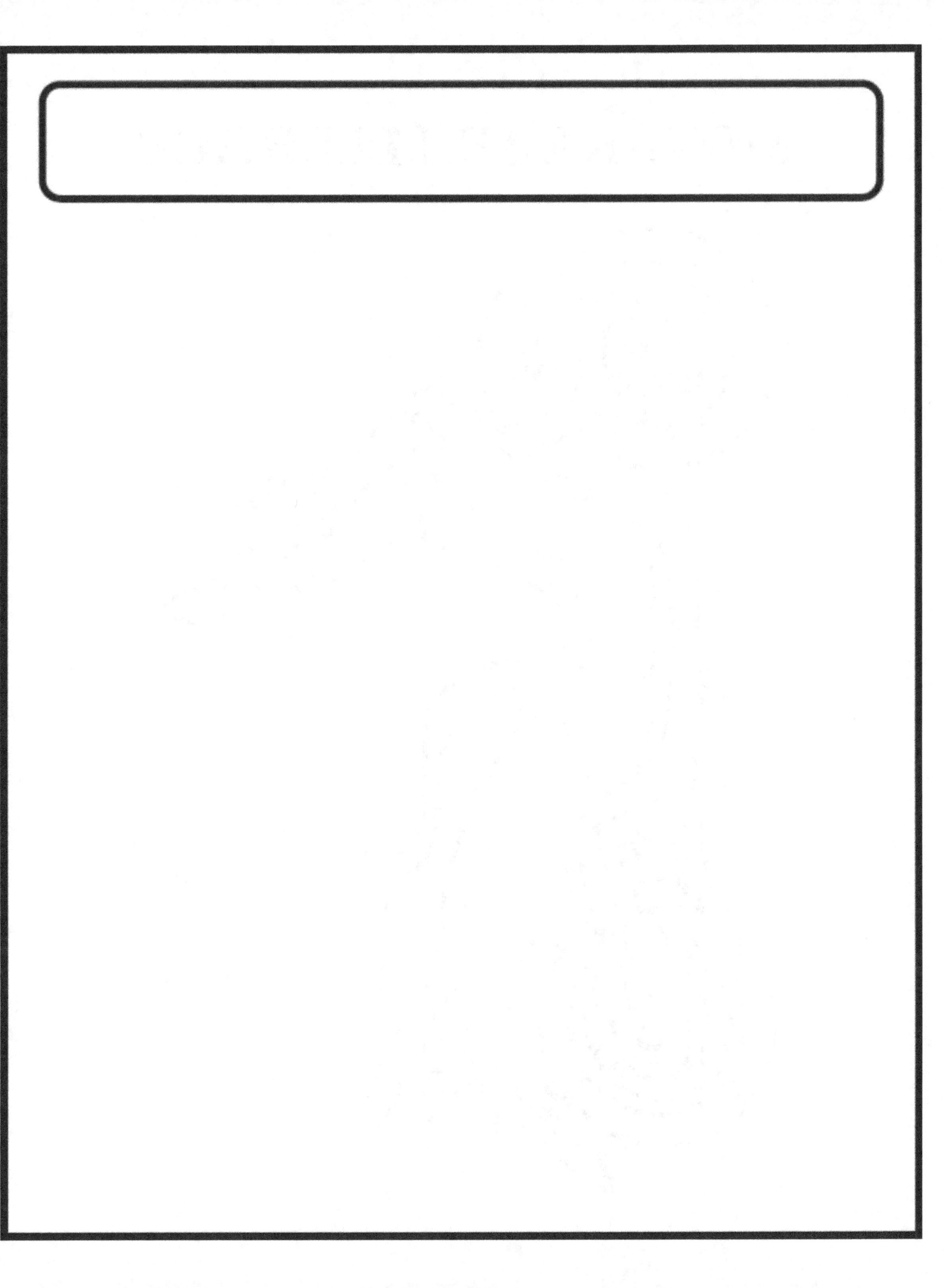

MOTORRAD MALBUCH

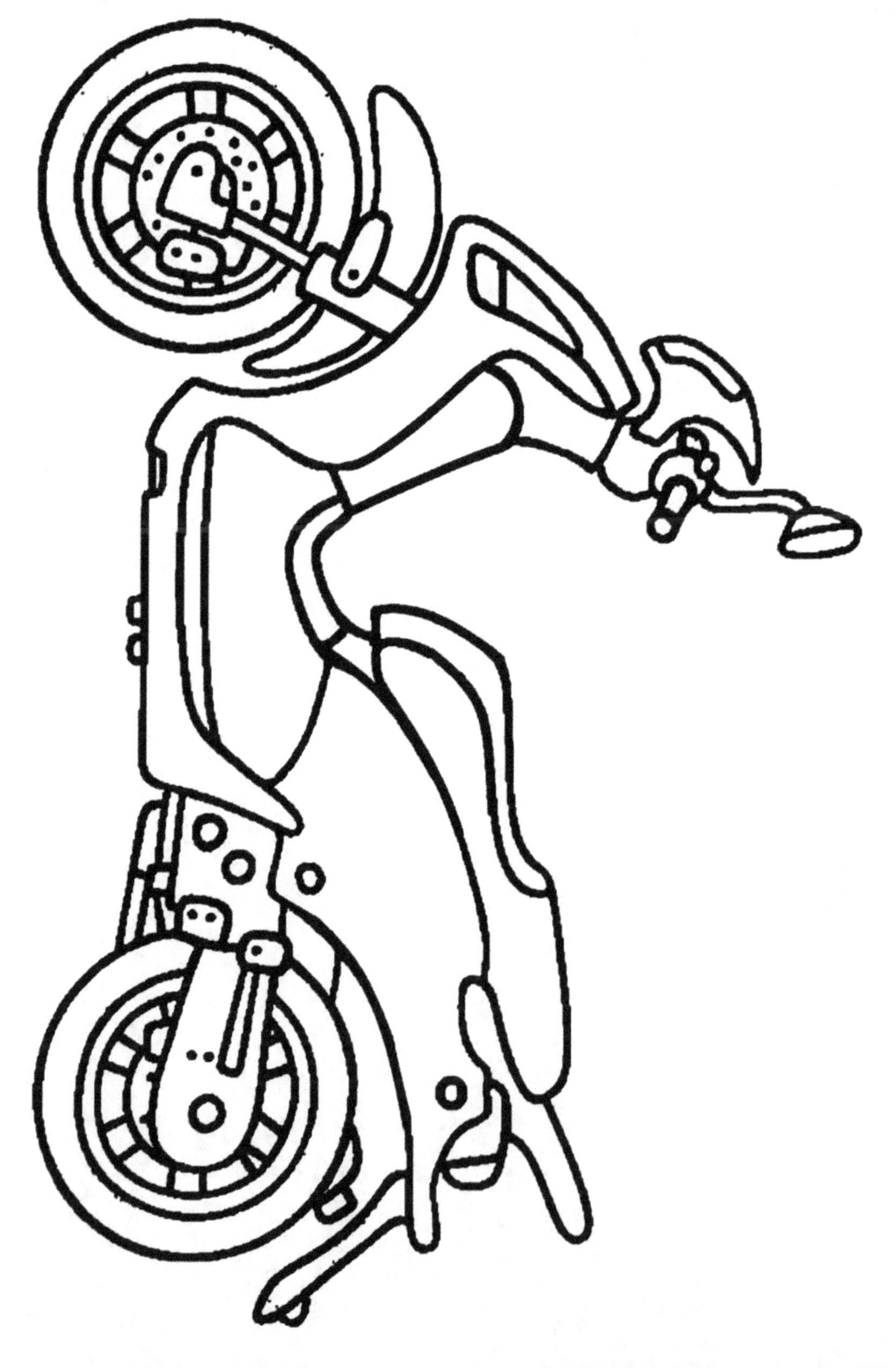

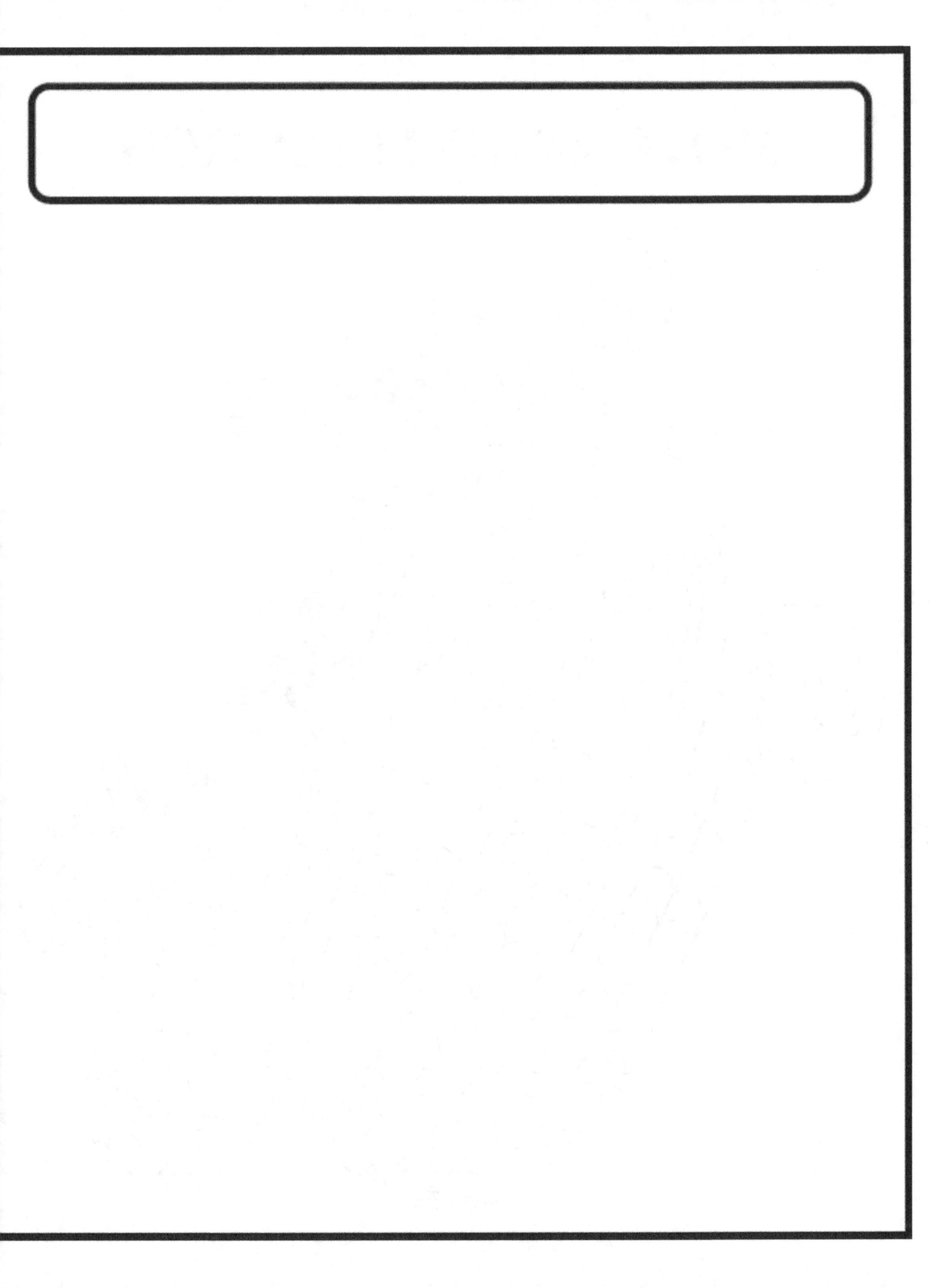

MOTORRAD MALBUCH

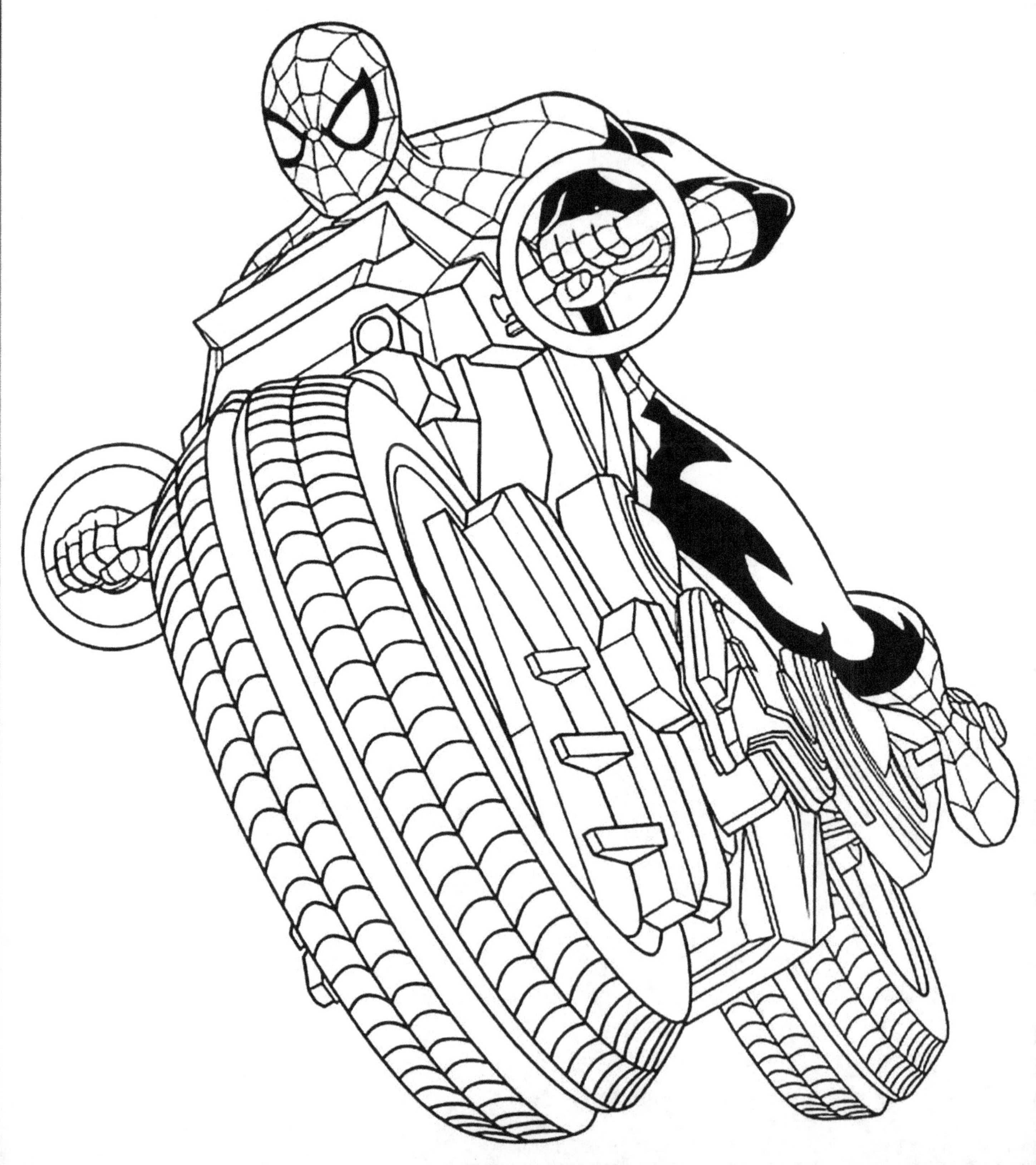

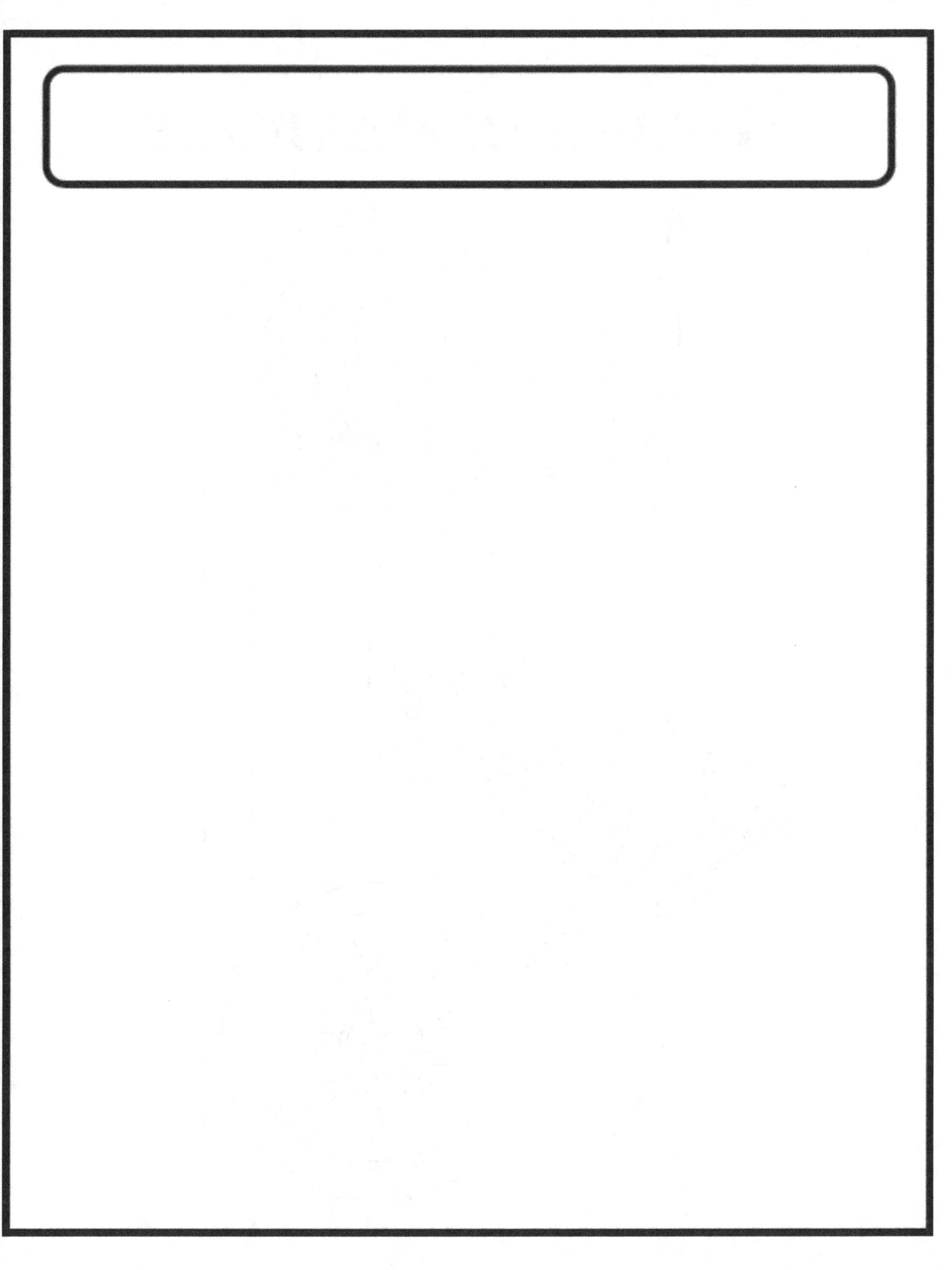

MOTORRAD MALBUCH

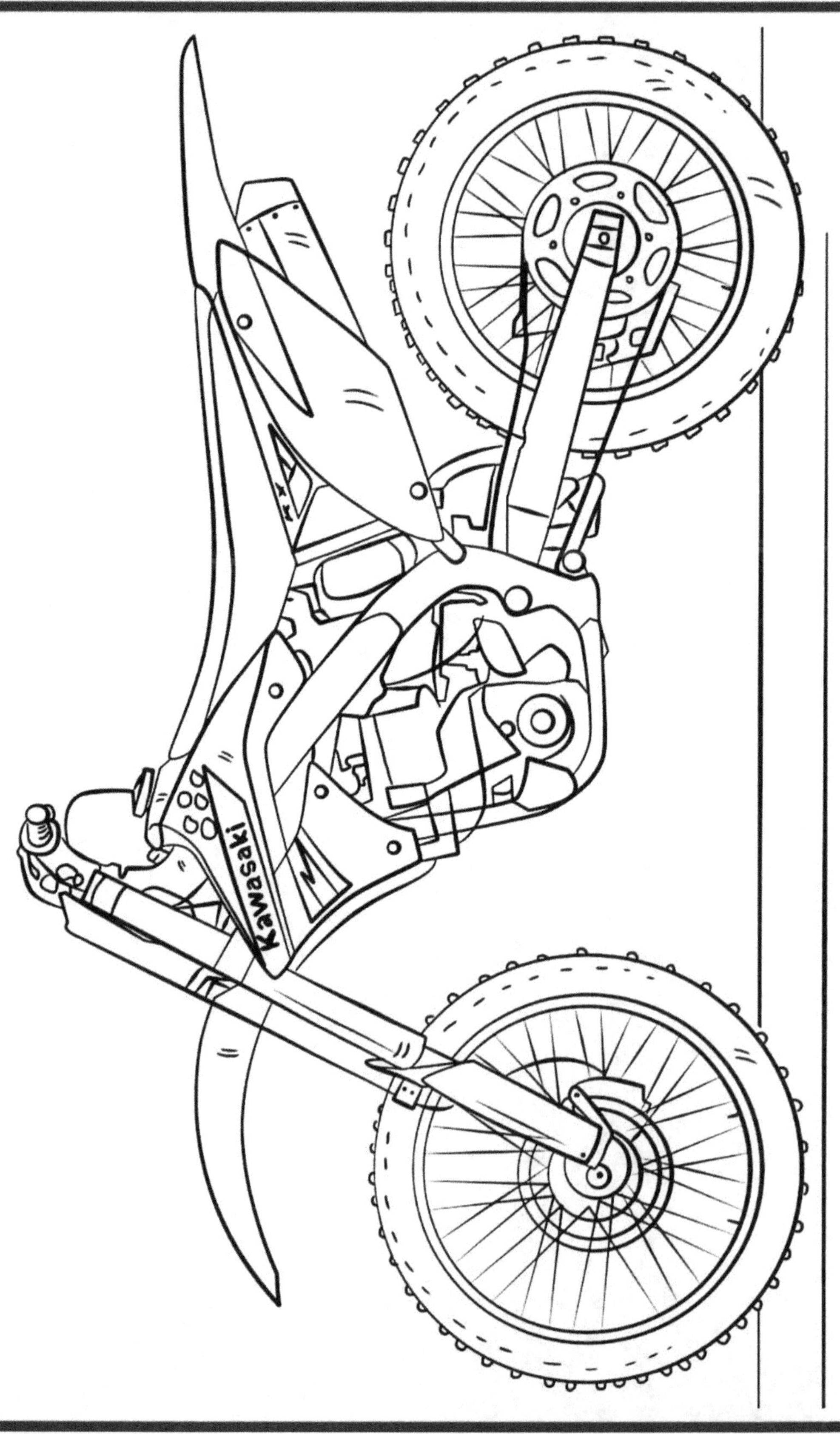

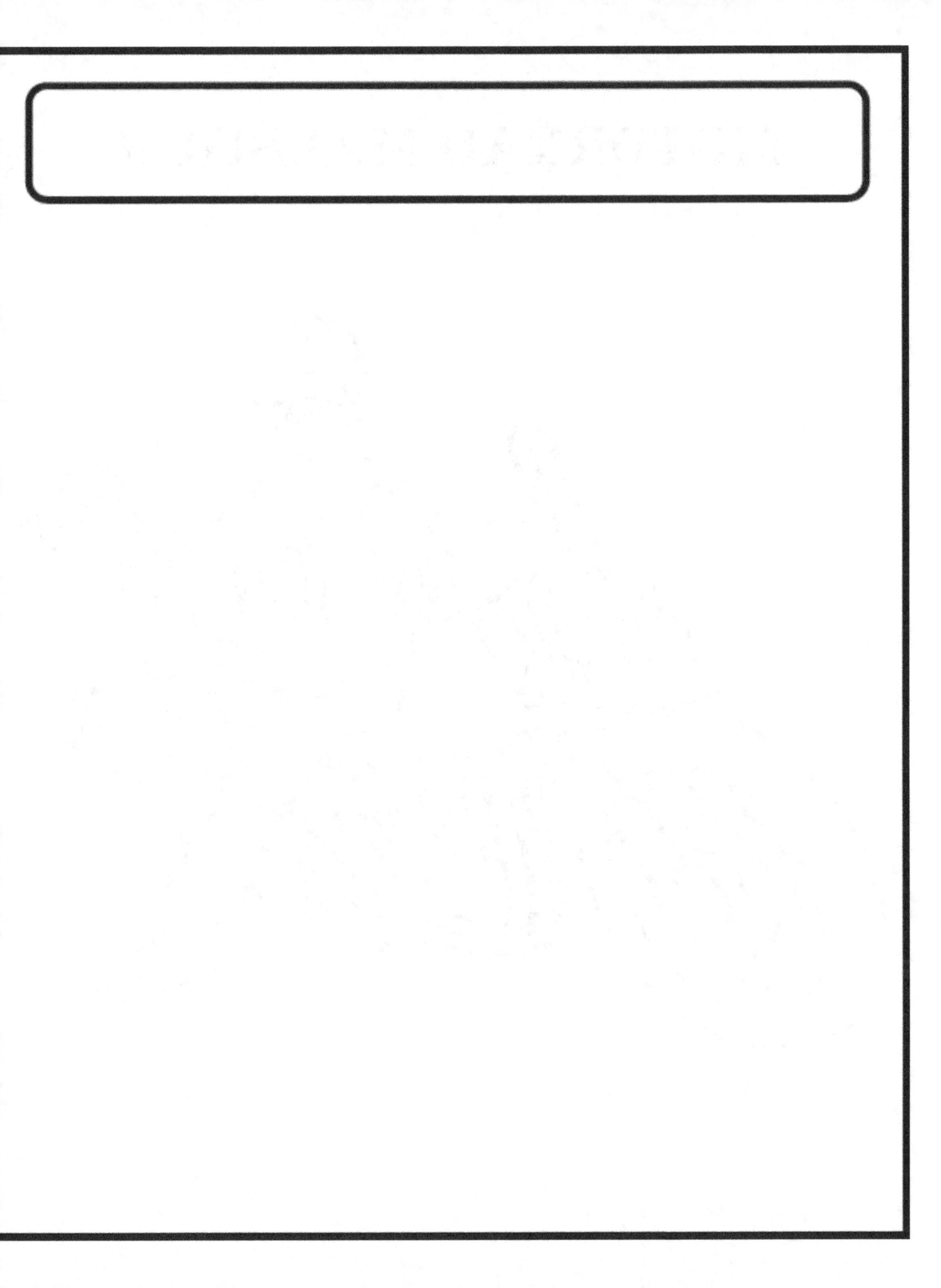

MOTORRAD MALBUCH

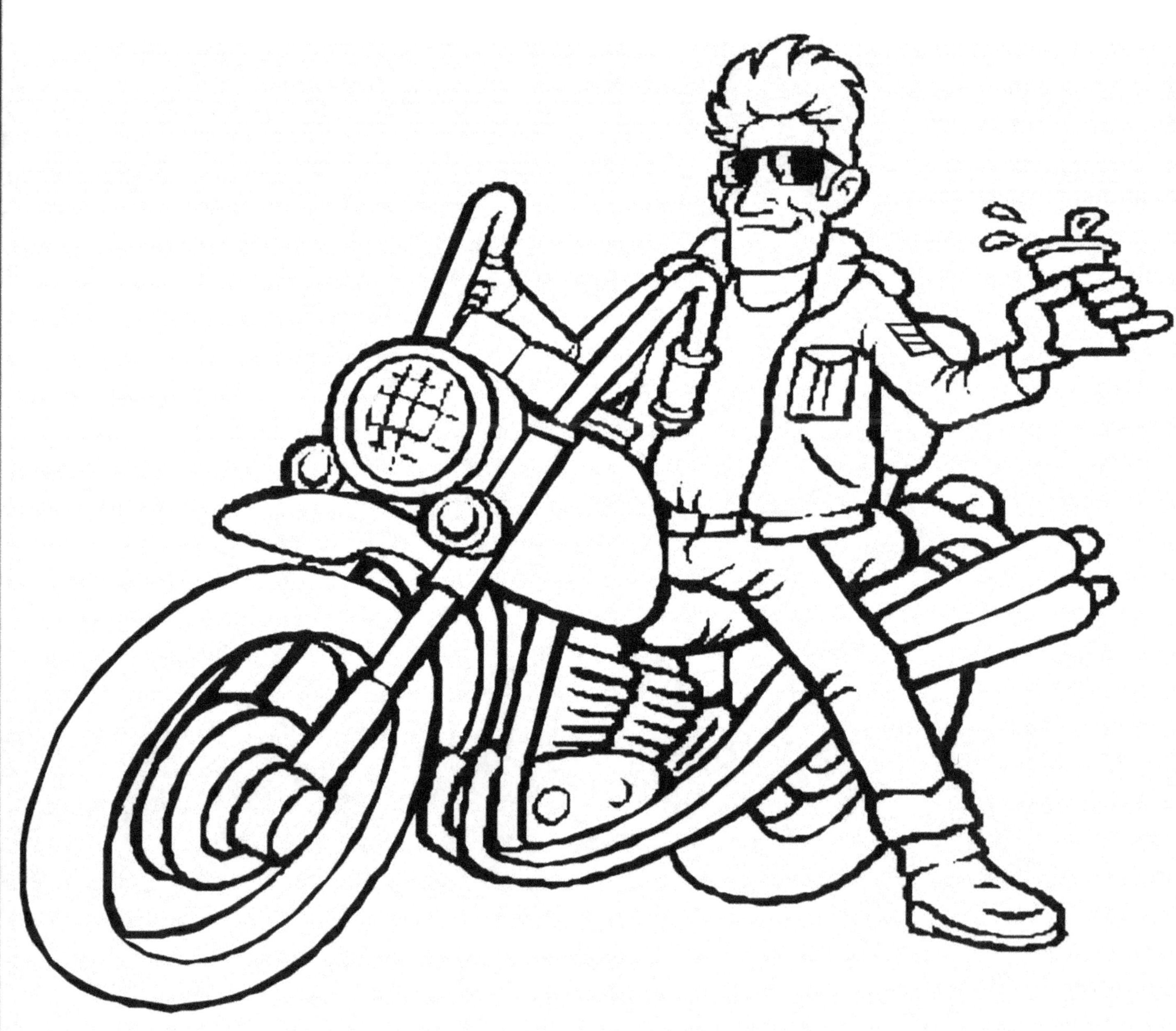

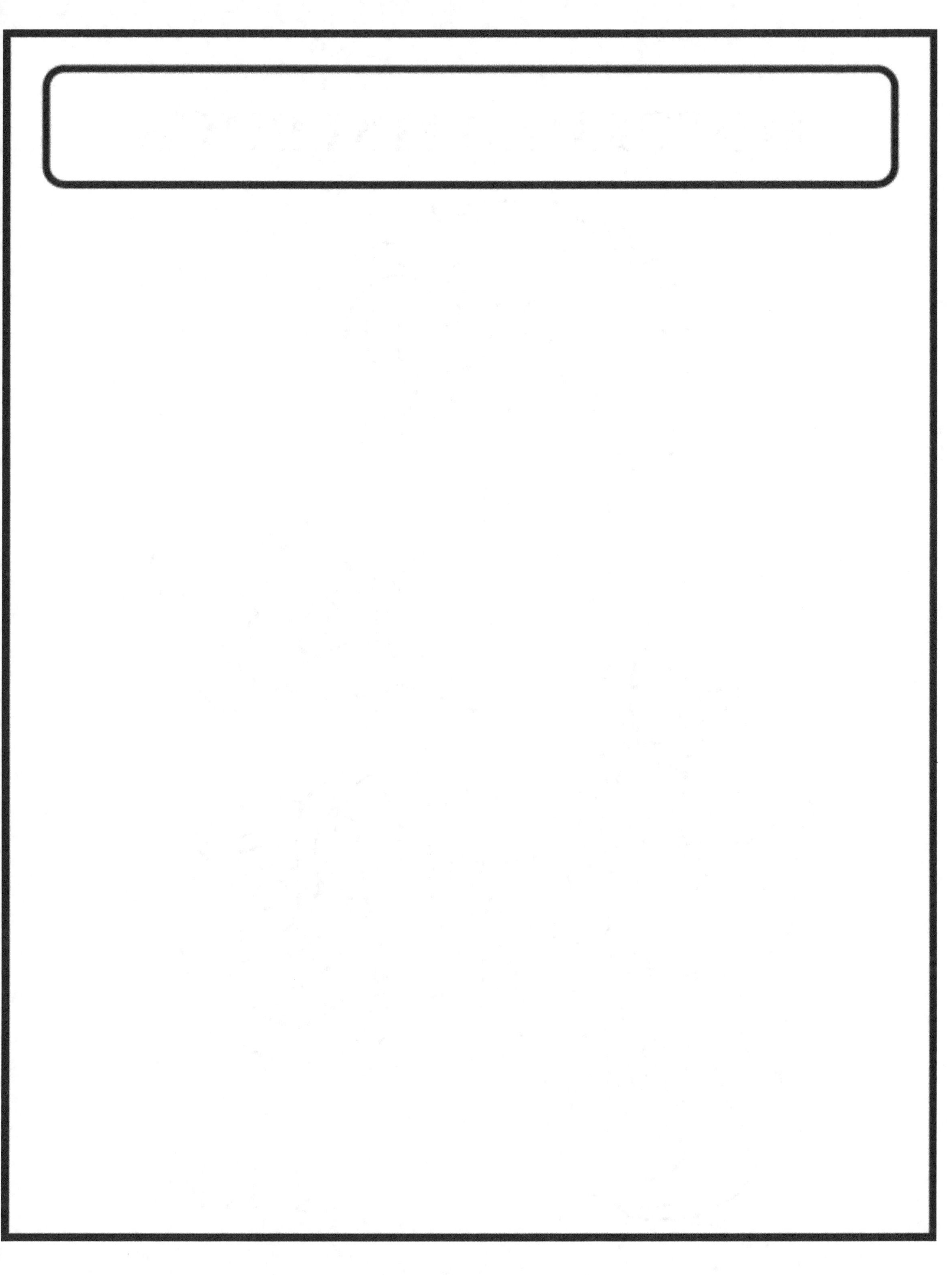

MOTORRAD MALBUCH

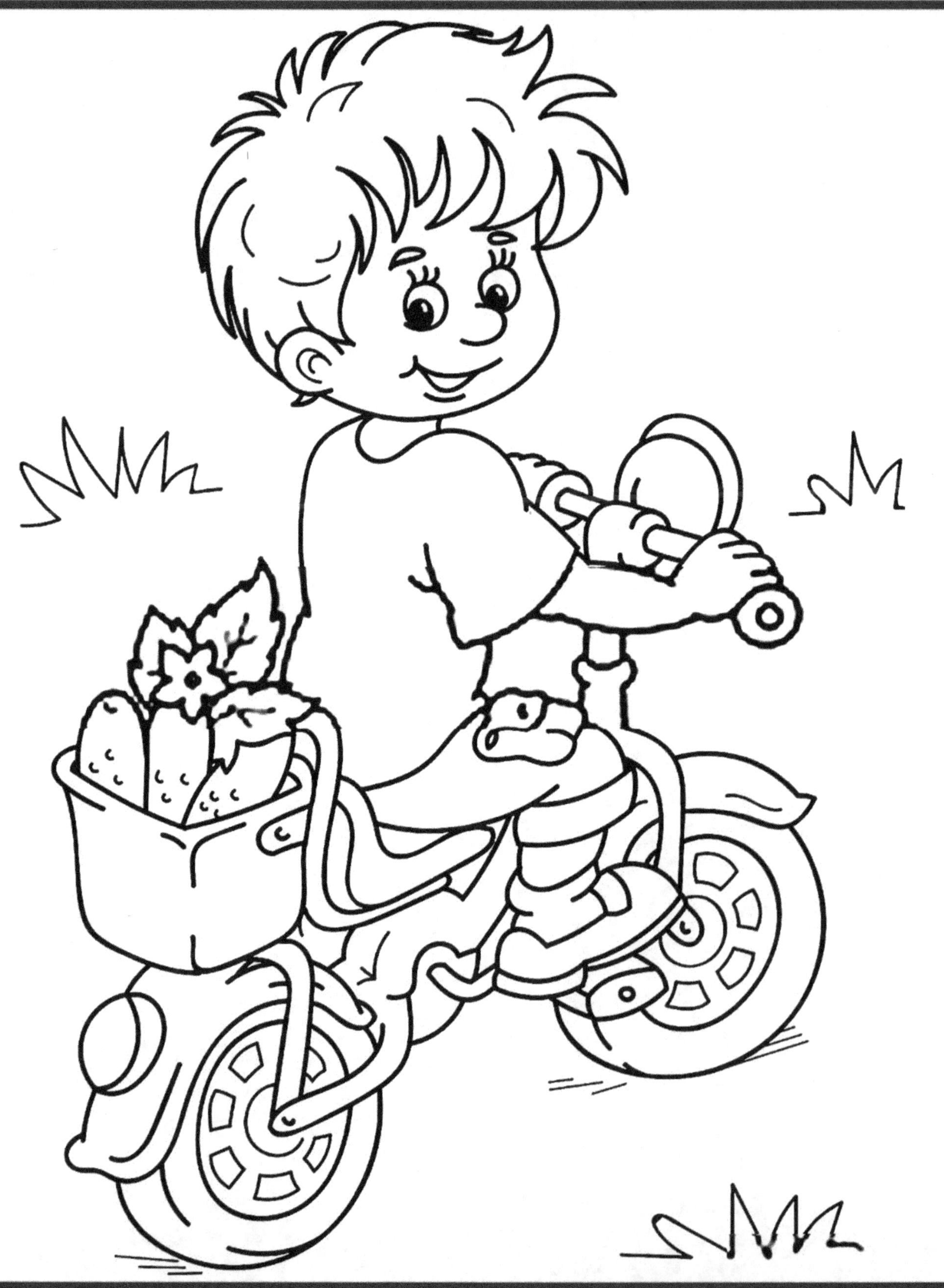

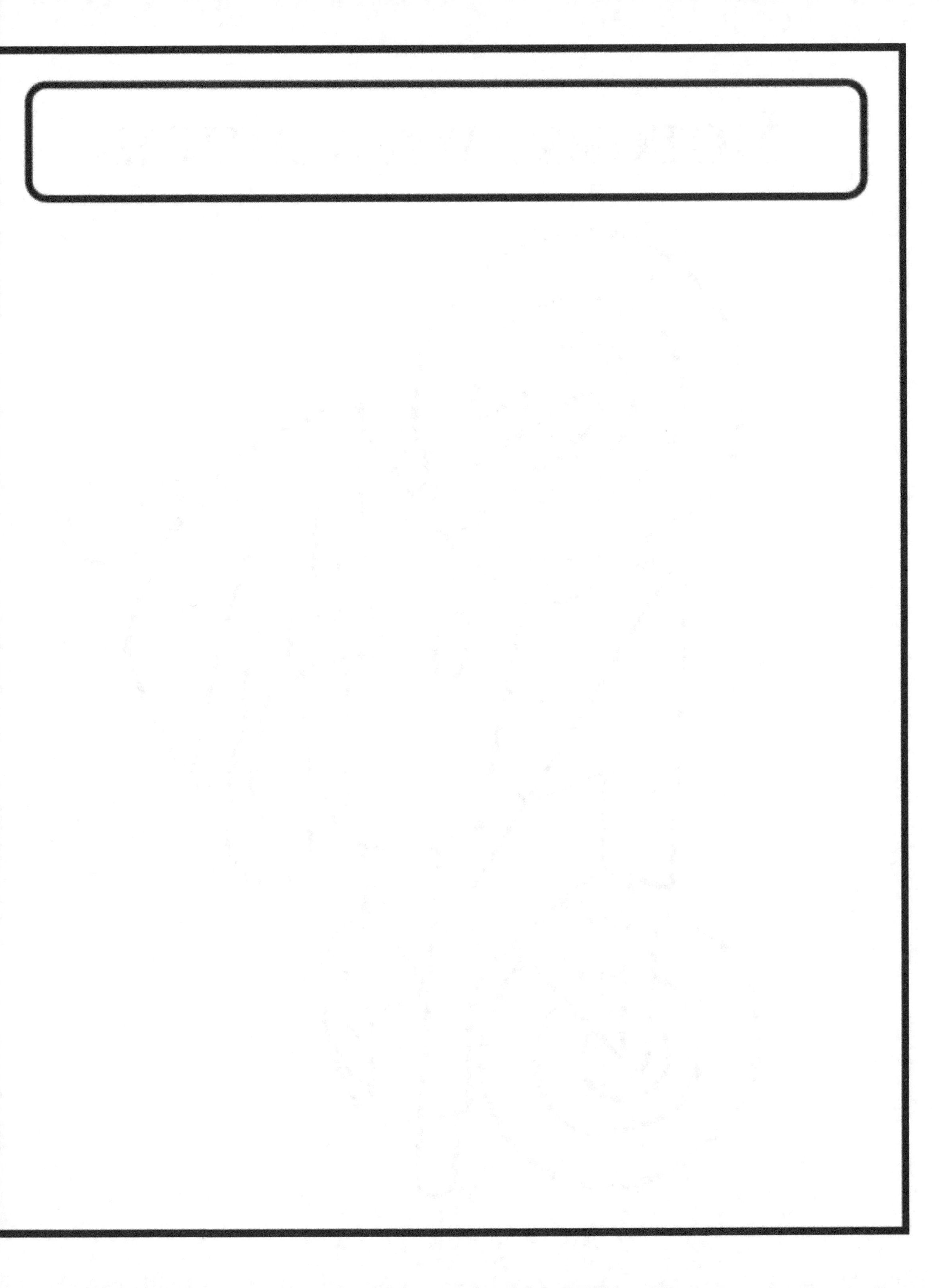

MOTORRAD MALBUCH

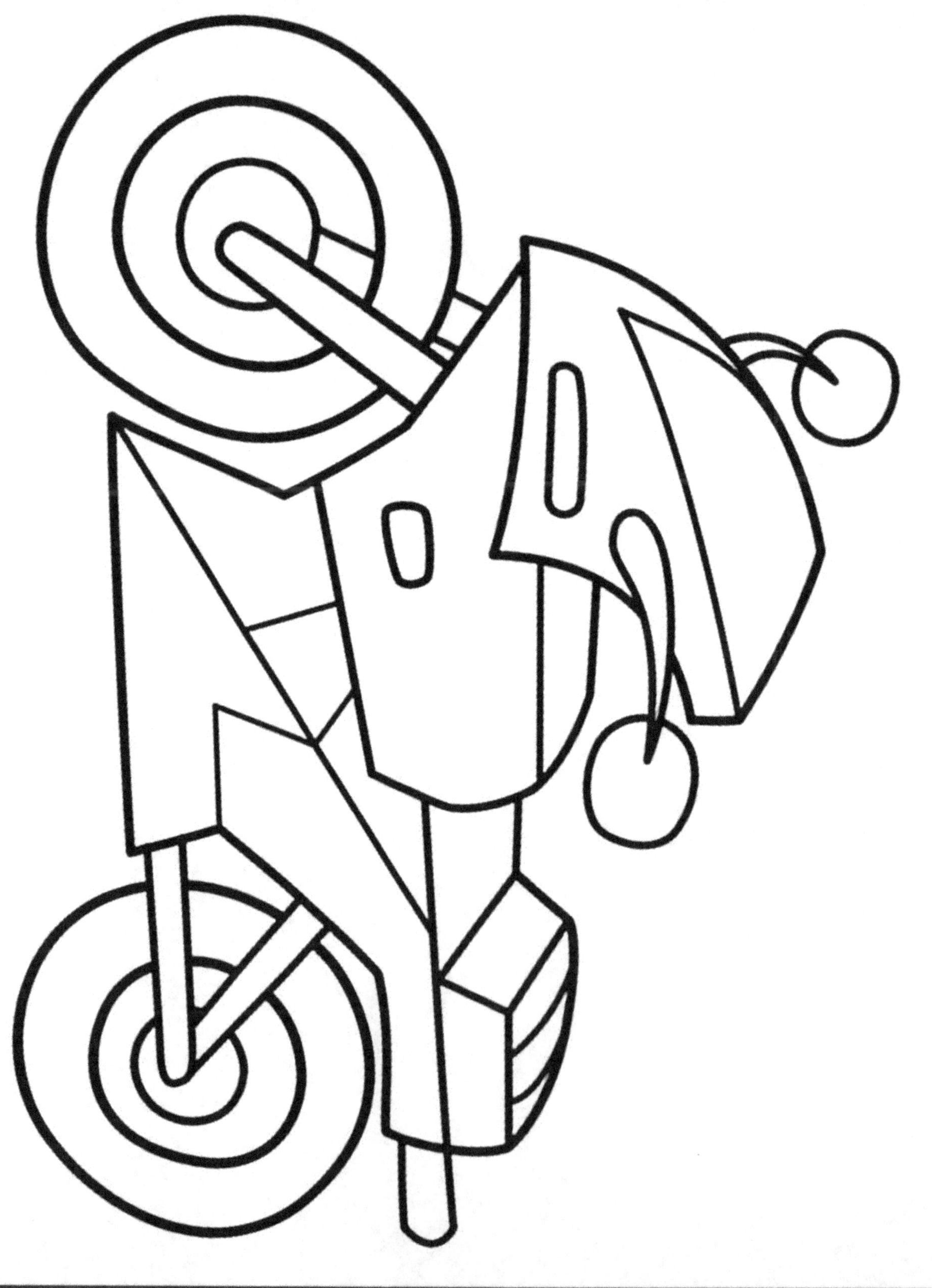

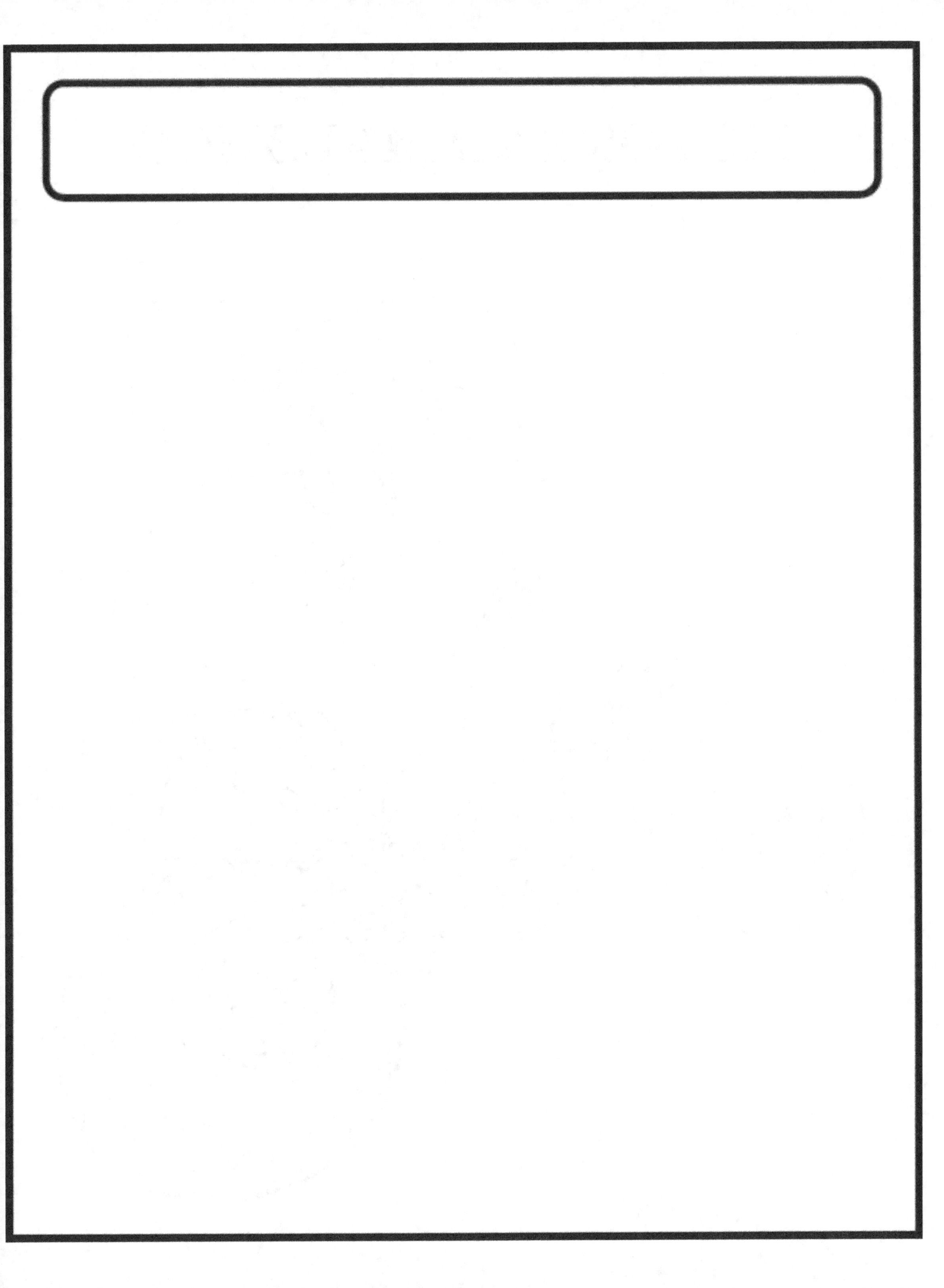

MOTORRAD MALBUCH

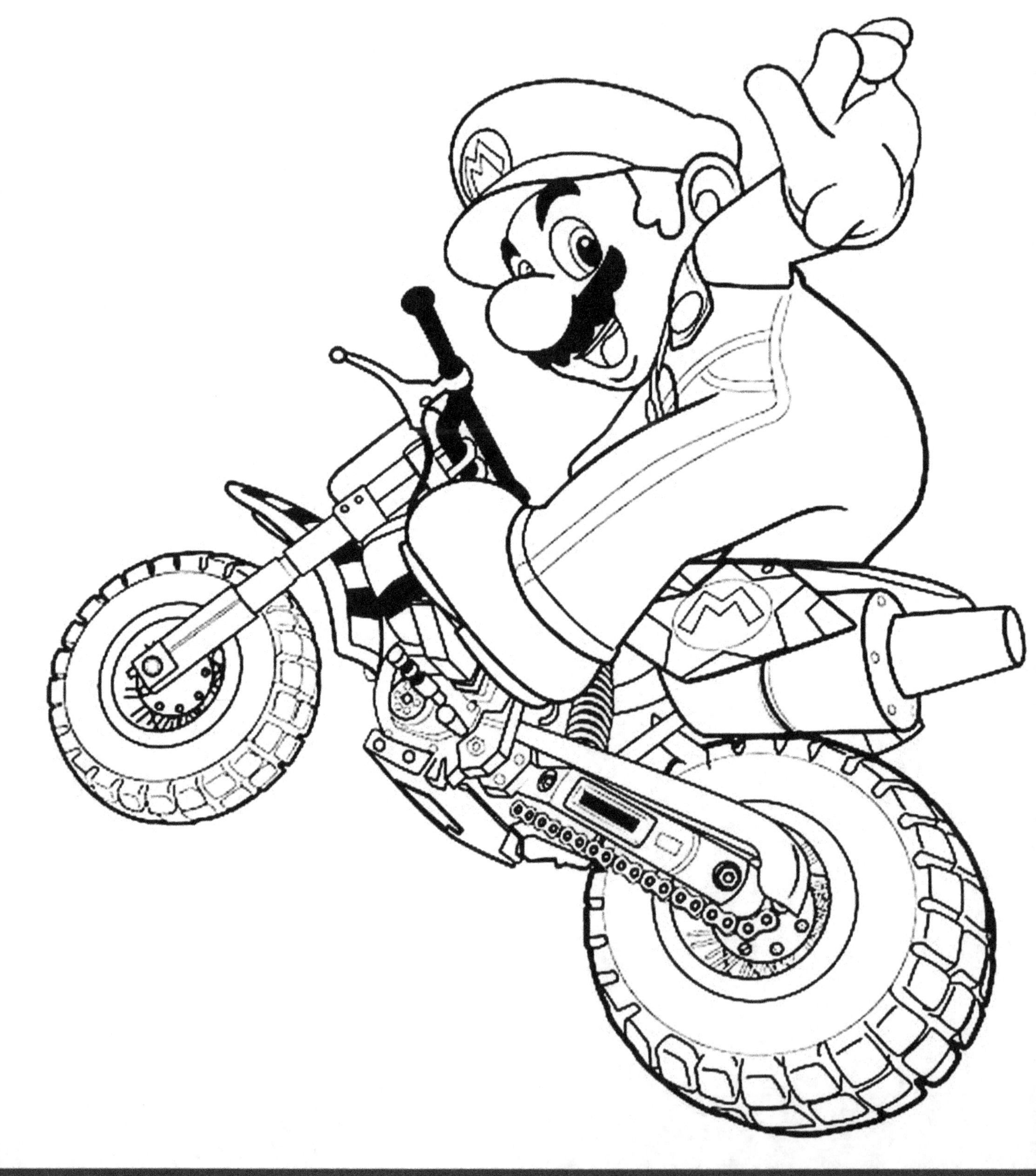

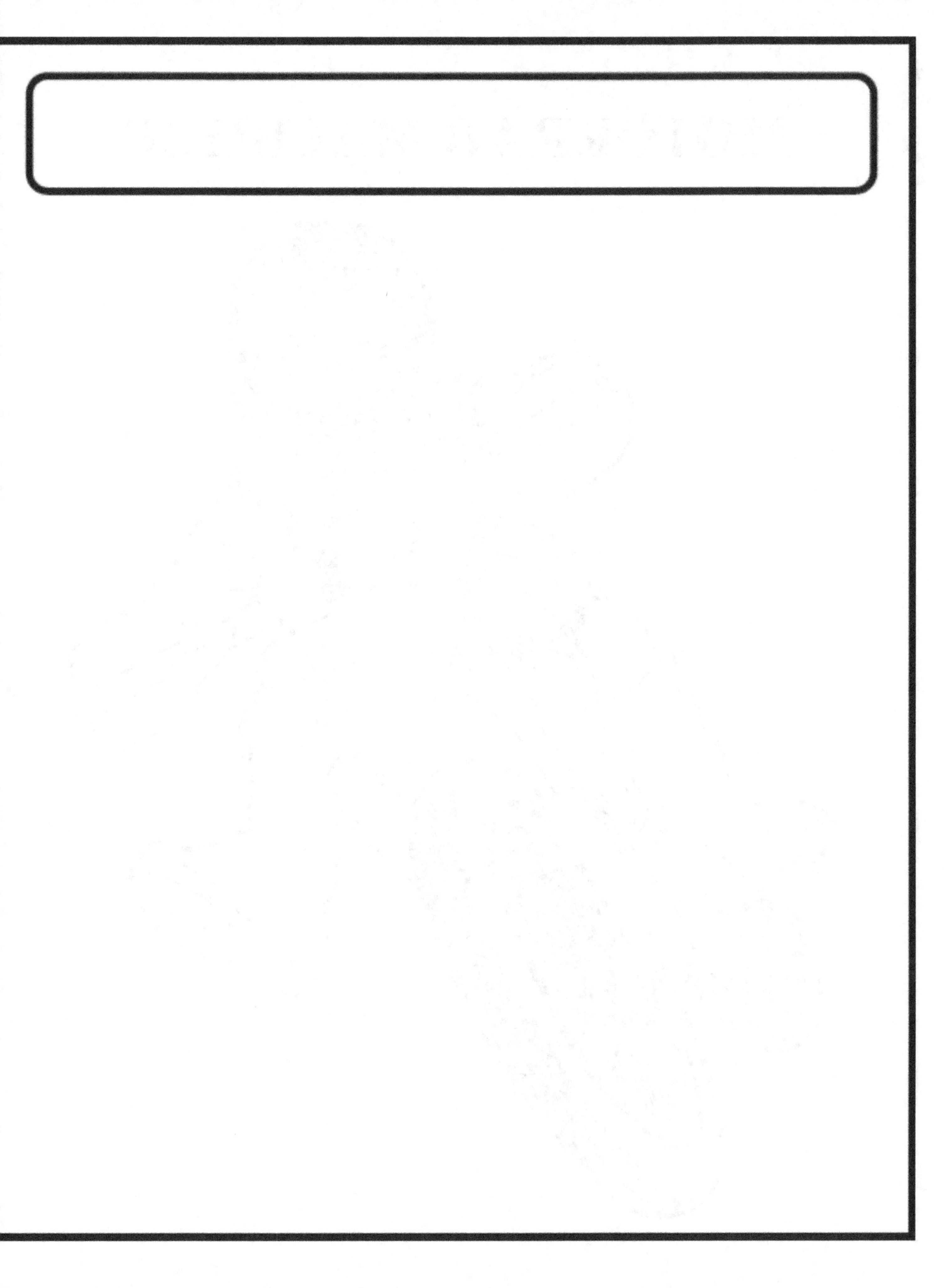

MOTORRAD MALBUCH

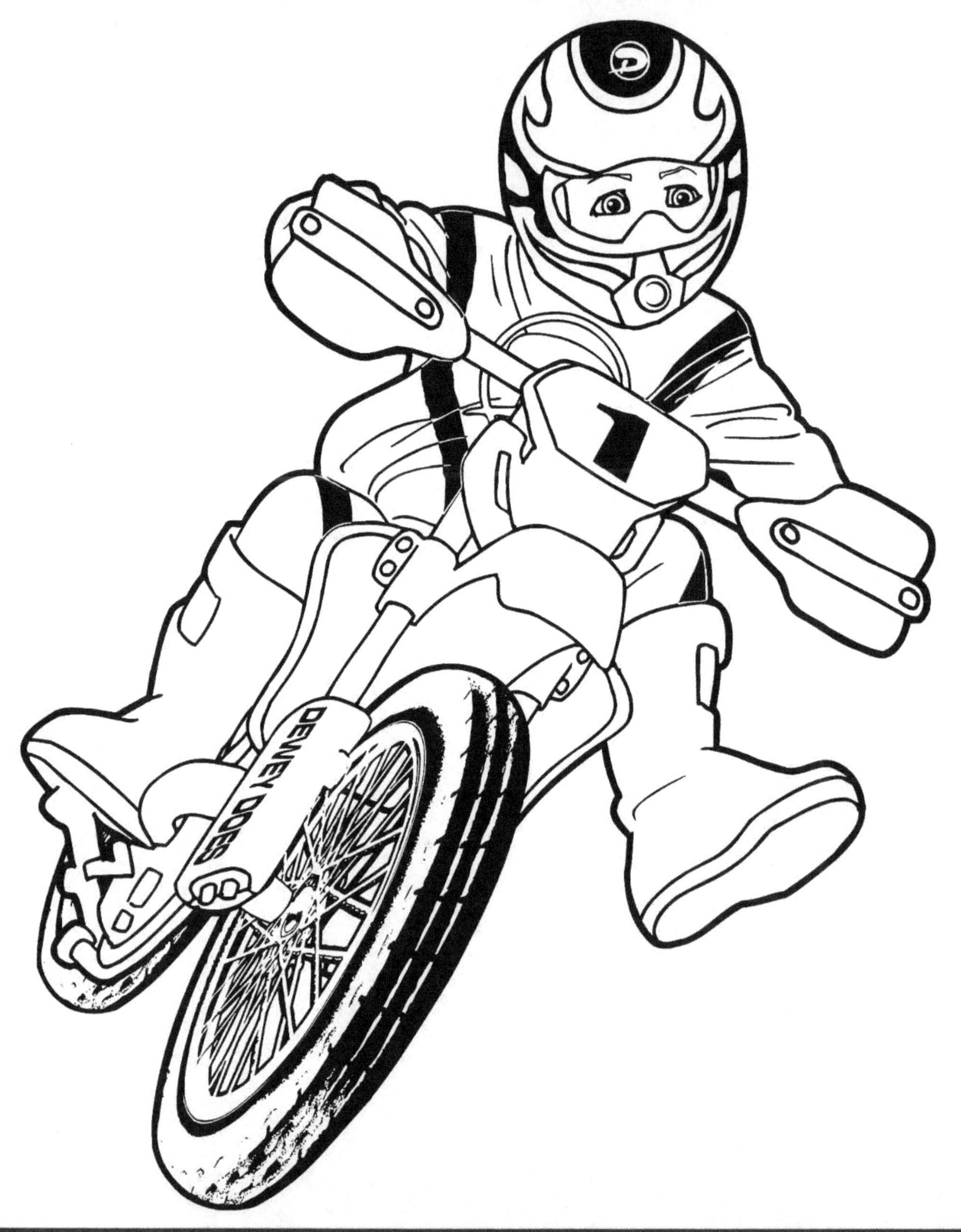

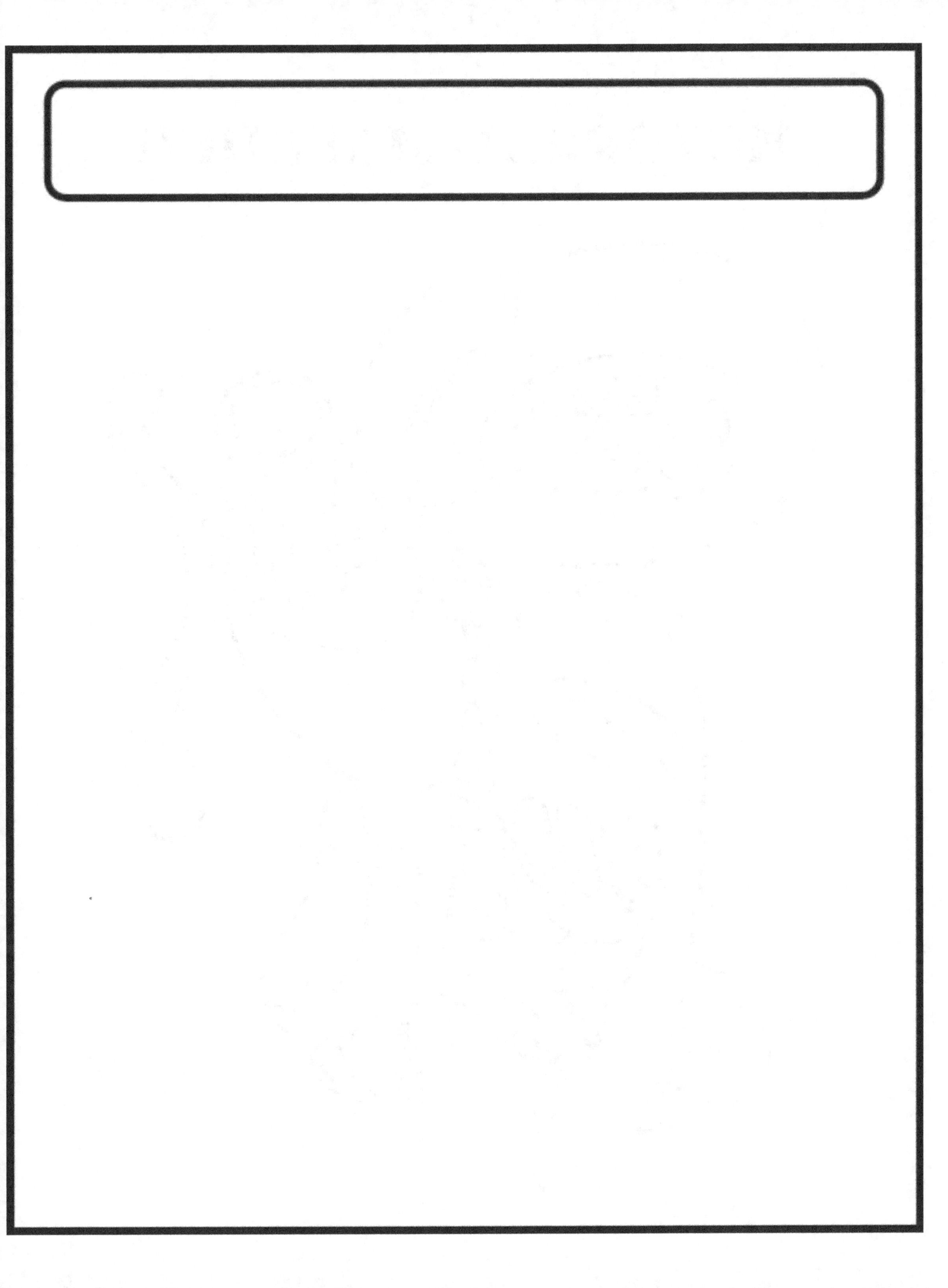

MOTORRAD MALBUCH

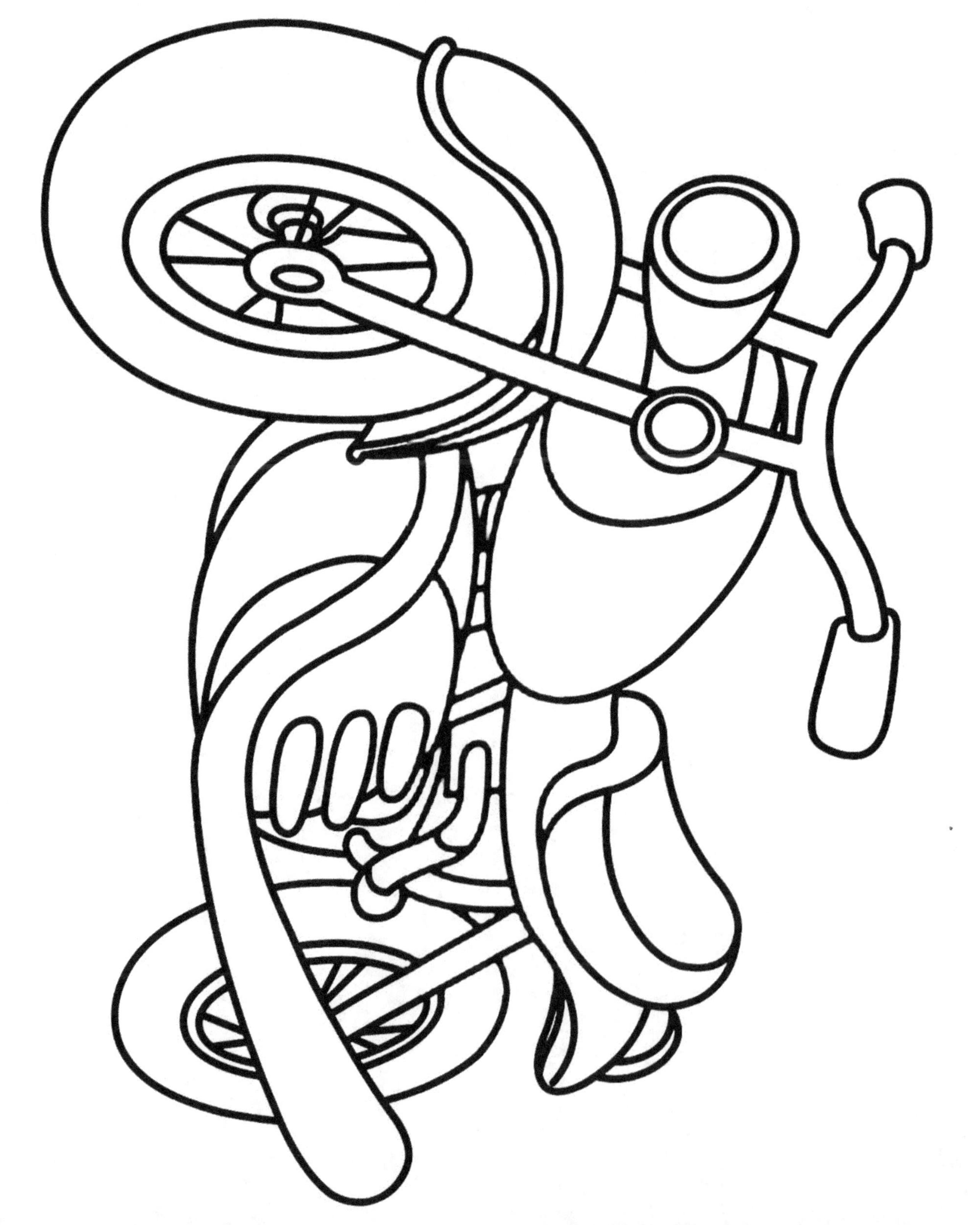

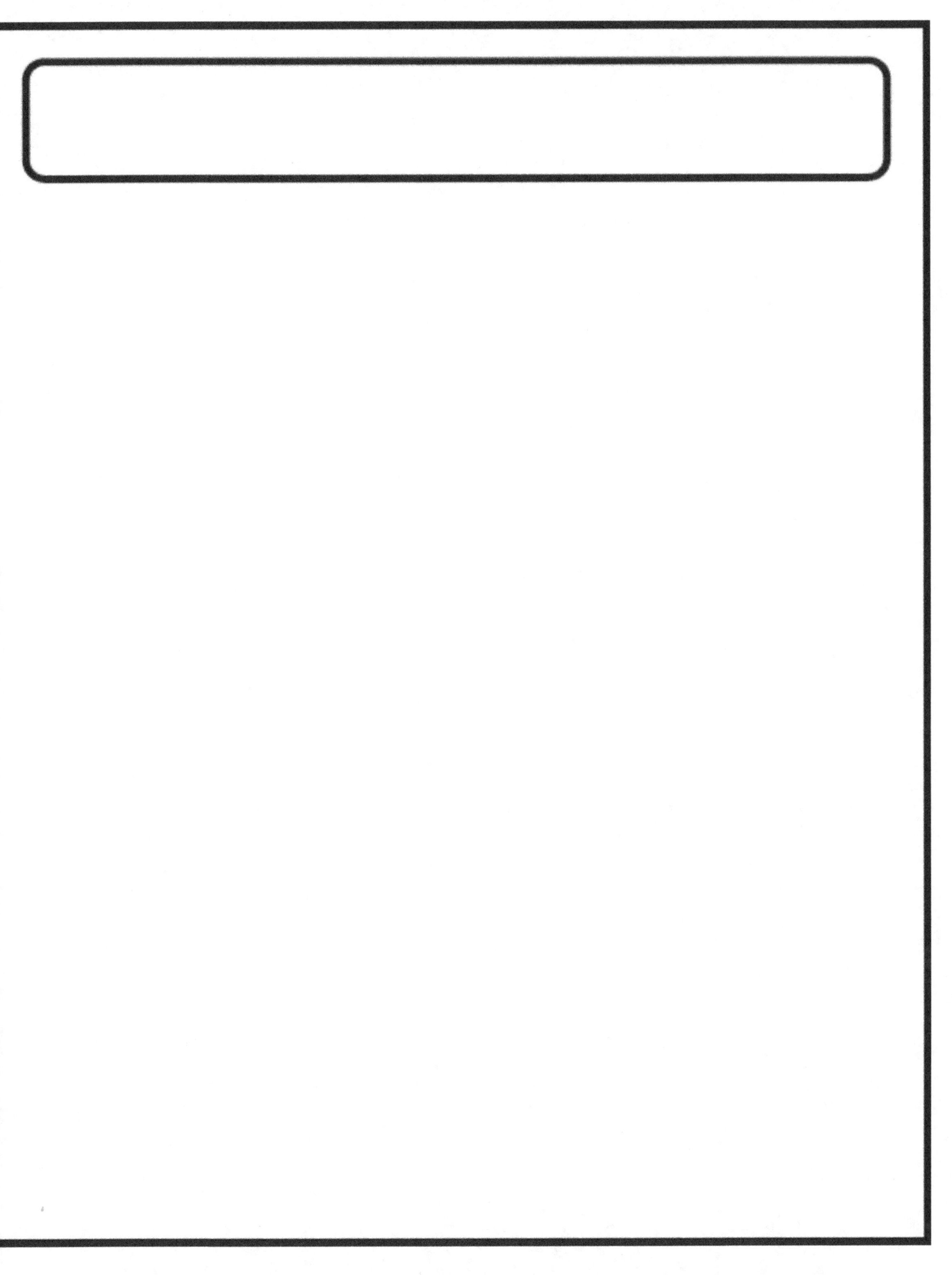